誰も
やらなかった
航海

北村紀興 著

「海音（みお）」のオーナーであり、船長の北村紀興（のりおき）さん。日本に到着した当時の写真。若々しく見えるが、すでに73歳になっていて、世間的には立派な老人といえる年齢であった

北村船長の相棒は当時65歳の人場健太郎さん

左から「海音」を販売した会社の社長であるフランクさん、北村さん、大場さん。アメリカ・ワシントン州アナコルテス、キャンプサンテ・マリーナにて

この40ftのモータークルーザーが「海音」。沿海で遊ぶには十分な大きさだが、外洋航海向きに作られたモデルとはいえ太平洋横断が前提となると、いかにも頼りないサイズだ

馴らしの航海で寄港したカナダ・バンクーバー

「海音」と北村船長。カナダ・シドニーにて

「海音」のコクピット。真ん中にGPSモニター、レーダーモニター、右にエンジンの回転数、燃料系と無線設備が並んでいる。太平洋横断中の3カ月以上の間ずっと、二人のうち必ず一人はここに座って前方の海と計器を見詰めているという苦しく単調な生活を続けた

左：船首に配置されたこのキャビンが北村さんの部屋
右：ギャレーの後方に配置された乗組員やゲスト用のバース（寝床）。ここは大場さんの部屋となった

「海音」のメインサロン後部に配置されたギャレー（キッチン）。右の階段上のドアからサイドデッキに出るようになっている

キャビンは造水も水の供給もストーブも（エアコンはない）オール電化で快適な生活が約束されていたが……。これは全自動洗濯機

太平洋へ出航時の北村船長

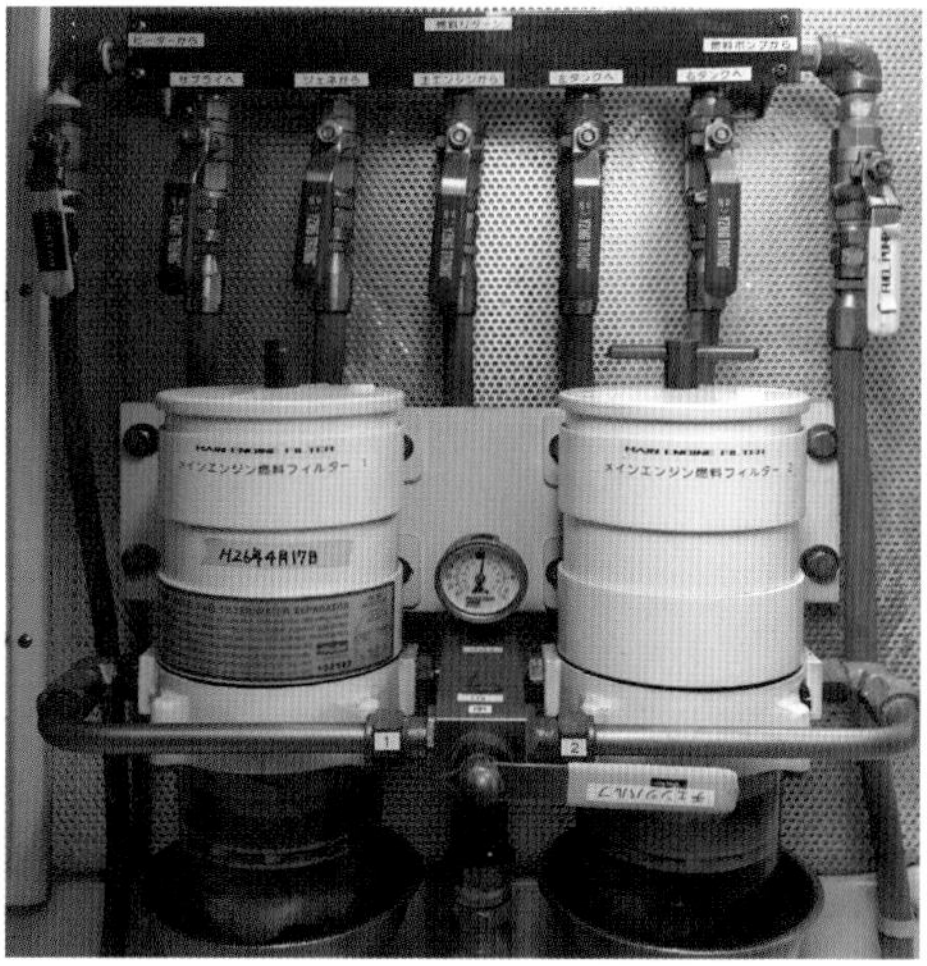

燃料フィルター。操作部、部品はすべて英語表記なので、間違いのないように日本語でシールを貼っていた

外洋での航行に定評のあるトローラー・タイプと呼ばれる欧米の漁船を模した船型の「海音」。船底のロングキールは直進性能を上げる設計のひとつ

船底のキールに沿ってつけられたキールクーラー。ここでエンジンを冷却する

左：「海音」の左舷サイドデッキ。右に見えるドアがメインサロンにつづく
右：「海音」のアフトデッキ

「海音」のメインスクリュウ・プロペラ。「海音」は一軸船だが、別に独立したエンジンとシャフトを持つ補機が標準装備で、そのプロペラが奥に見えていて、一見二軸に見える

「海音」最初の航海はアナコルテスからカナダへのクルージングだった

「海音」を手に入れた二人は最初に「天国の箱庭」とも呼ばれるカナダの「プリンセス・ルイーザ海峡州立公園」をクルージングした

カナダ・ペンダ湾のマリーナー

サンフランシスコ。ゴールデンゲートヨットクラブ

マーシャル諸島のマジェロではアイランド・ホッピングを満喫

ミクロネシア連邦のポンペイでの二人は日に焼けて真っ黒

誰もやらなかった航海

イントロダクション

この航海は「快挙」と断言できる

2013（平成25）年9月、兵庫県の芦屋マリーナに、見るからにごつく、スカンジナビアの漁船のような、一般的なモータークルーザーとは一味も二味も違うフォルムを持つ40フィートの船が、アメリカからの航海を終え入港した。

乗っていたのは、滋賀県近江八幡市在住の北村紀興さん、当時73歳と、クルーとして同行した大場健太郎さん、当時65歳の二人のけっして若いとはいえないシルバー世代の二人の男だった。

太平洋横断を祝う歓迎のセレモニーがあったわけでもなく、デイクルージングから帰港したかのような、淡々とした自然体の入港であった。この航海について世間で大騒ぎされることなく10年が過ぎたが、実は日本のプレジャーボート史に深く刻まれるべき「快挙」であった。

堀江謙一さんが1962（昭和37）年に、絶対不可能といわれていた無寄港太平洋横断を一人で小型ヨット「マーメイド」で成功させたのは、世界的なニュースとなり、世界中で讃えられた快挙であったことを知る人も多いと思うが、当時より船も装備も進歩した現在では、ヨットでの無寄港太平洋横断航海など珍しいことではなくなっている。

いっぽう機関（エンジン）で走る船での太平洋横断はというと、記録はあいまいだ。幕末の1853（嘉永6）年に来航したペリーの艦隊は東インド会社の船で、インド洋、中国、沖縄を経由して来航しており、機関で走る船での太平洋横断には該当しない。

ちなみに、黒船の中には蒸気船（外輪両輪船）もあったが、機関（両輪）は港内でしか使わず、ほとんど帆船といっていいものだった。当時の船用の機関は燃料（石炭）効率が悪すぎ、広い石炭の積み場所が必要など、物理的にも、経済的にも、太平洋を横断するのは無理だった。

公式には、1867（慶応3）年に蒸気船「コロラド」（外輪船）という商船が太平洋航路についたのが、機関で走る船の最初の太平洋横断とされているが、これも厳密には機関船といえるかは微妙なところ。

1880年代になると郵船三菱は、鉄製の船体、進歩した機関、スクリューを備えた新鋭船で太平洋航路をほぼ独占したが、この時代が現在の機関を持った船での太平洋横断航海の始まりといえよう。

そしてその後、大型商船での太平洋横断航海の記録はあるものの、これまでプレジャーボートでのオフィシャルな記録は残っていない。時折、外国人の全長50フィート以上の船や日本人所有の70フィート以上の船が、台湾からハワイ間を航海したとか、南太平洋をクルージングしているとか、ニュージーランド～カリフォルニア間を航海したとか、どこぞの大金持ちのメガヨットが南方からやってきたなどの話は聞こえてくるが、日本人所有で日本人乗り組みの、わずか40フィートのモータークルーザーが太平洋横断航海をしたという話は、40年以上海洋ジャーナリストをしている小生でも聞いたことがなかった。

機関で走る船の長距離航海の場合、時代が進んでエンジンの性能が上がり、燃料が石炭から石油燃料に代わっても、燃料の搭載スペースと補給地が、19世紀半ばと変わらず一番の問題となる。

この航海記は、長く苦しい航海に臨んだ老人（失礼！）の内面の葛藤とともに、どのようにトラブルに対処したかをたどるだけでも、興味深いと思うが、小型ボートでの長距離航海における燃料の問題をクリアしながら太平洋を横断したという事実を、日本のプレジャーボート史に残されるべき快挙と知ったうえで読み進めていただければ幸いである。

２０２３年5月

海洋ジャーナリスト　植村敬久

目次

カナダ
バンクーバー
アナコルテス
アメリカ
サンフランシスコ
日付変更線
ハワイ島
ホノルル
ヒロ
メキシコ
マジェロ
赤道
0
2000
4000
km

〈海《み》音《お》〉太平洋横断の航跡

米国アナコルテスから兵庫県芦屋まで走った距離

総航行日数48日間／総航行距離約8,670海里（1万6,000km）

2013（平成25年）5月17日
アナコルテス出航、5月28日サンフランシスコ入港
航程：12日間　1,068海里（約2,000km）平均速度6.19kn
サンフランシスコに6日間滞在

2013年（平成25年）6月3日サンフランシスコ出港、6月20日ハワイ・ヒロ入港
航程：18日間　2,142海里（約4,000km）平均速度5.17kn

2013年（平成25年）6月21日ヒロ出港、6月22日ホノルル入港
航程：2日間　300海里（約660km）平均速度6.5kn
ホノルルに17日間滞在

2013年（平成25年）7月9日ホノルル出港、7月24日マジュロ入港
航程：16日間　2,100海里（約4,000km）平均速度6.5kn
マジュロに10日間滞在

2013年（平成25年）8月4日マジュロ出港、8月8日ポンペイ入港
航程：5日間　800海里（約1,600km）平均速度5.5kn
ポンペイに4日間滞在

2013年（平成25年）8月13日ポンペイ出港、8月22日小笠原・父島入港
航程：9日間　1,530海里（約3,000km）平均速度6.25kn
小笠原に7日間滞在

2013年（平成25年）8月29日小笠原・父島出港、9月3日芦屋マリーナ入港
航程：5日間　730海里（約1,500km）平均速度5.8kn
芦屋マリーナ到着で、太平洋横断航海は一旦終了

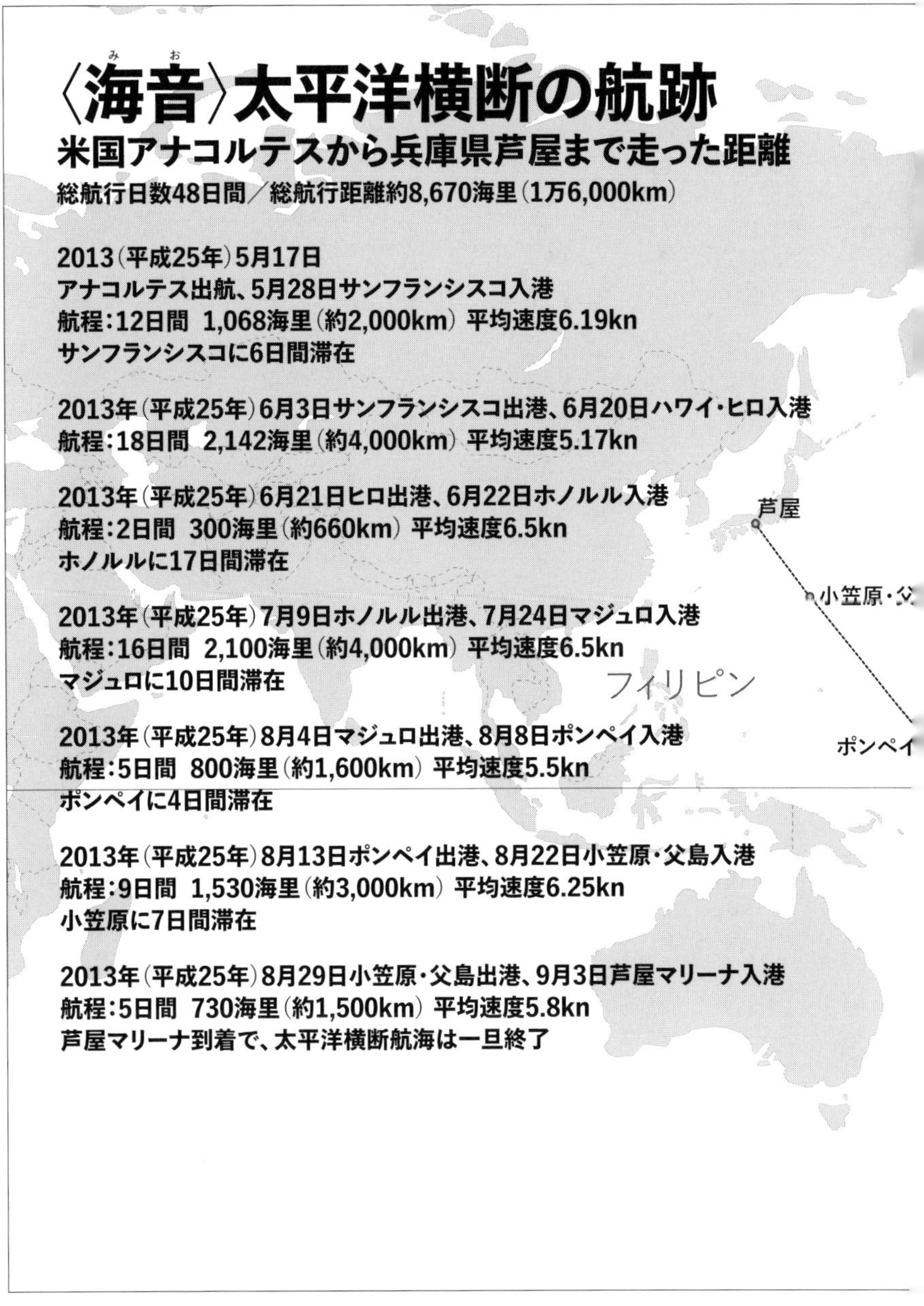

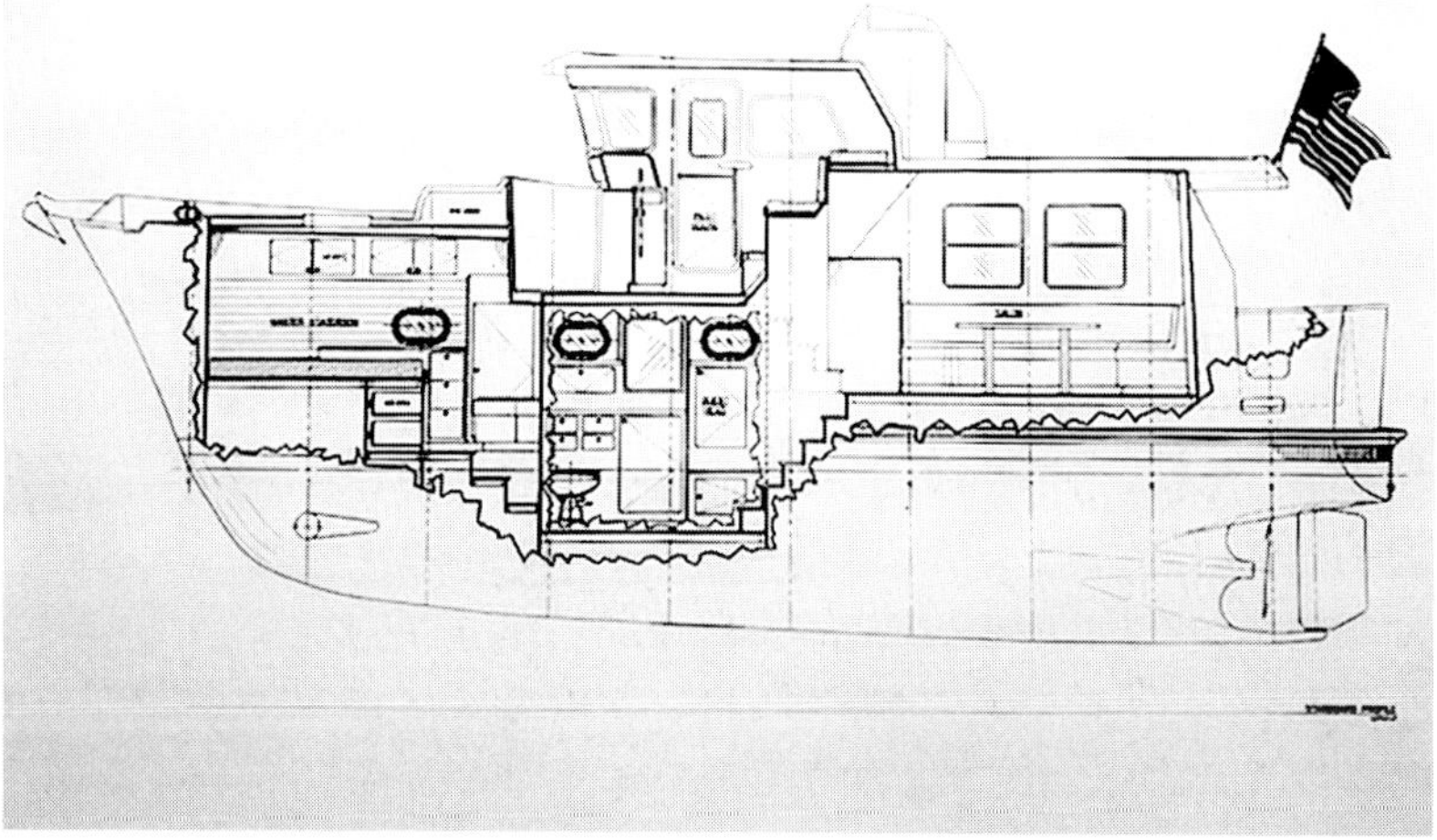

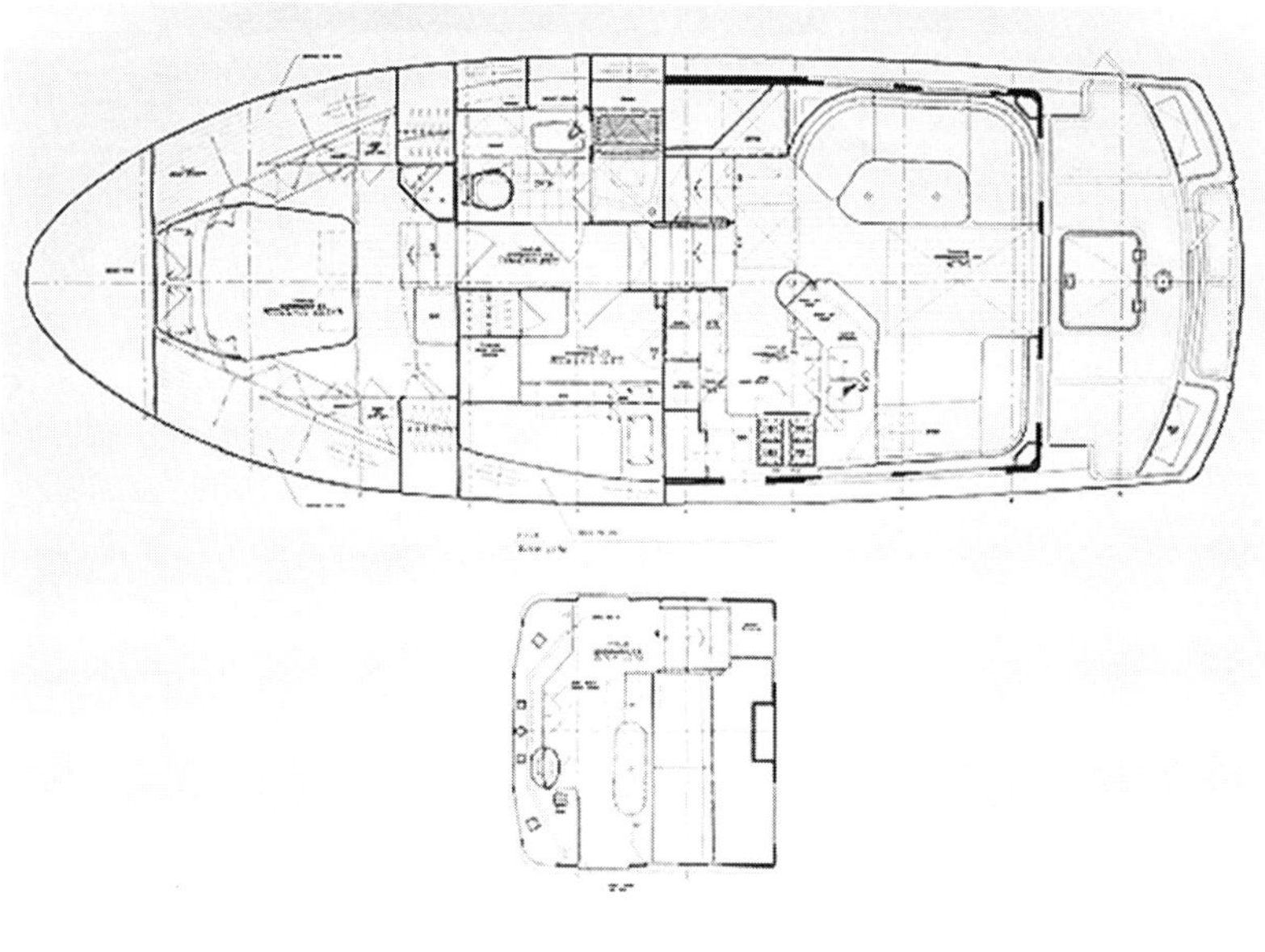

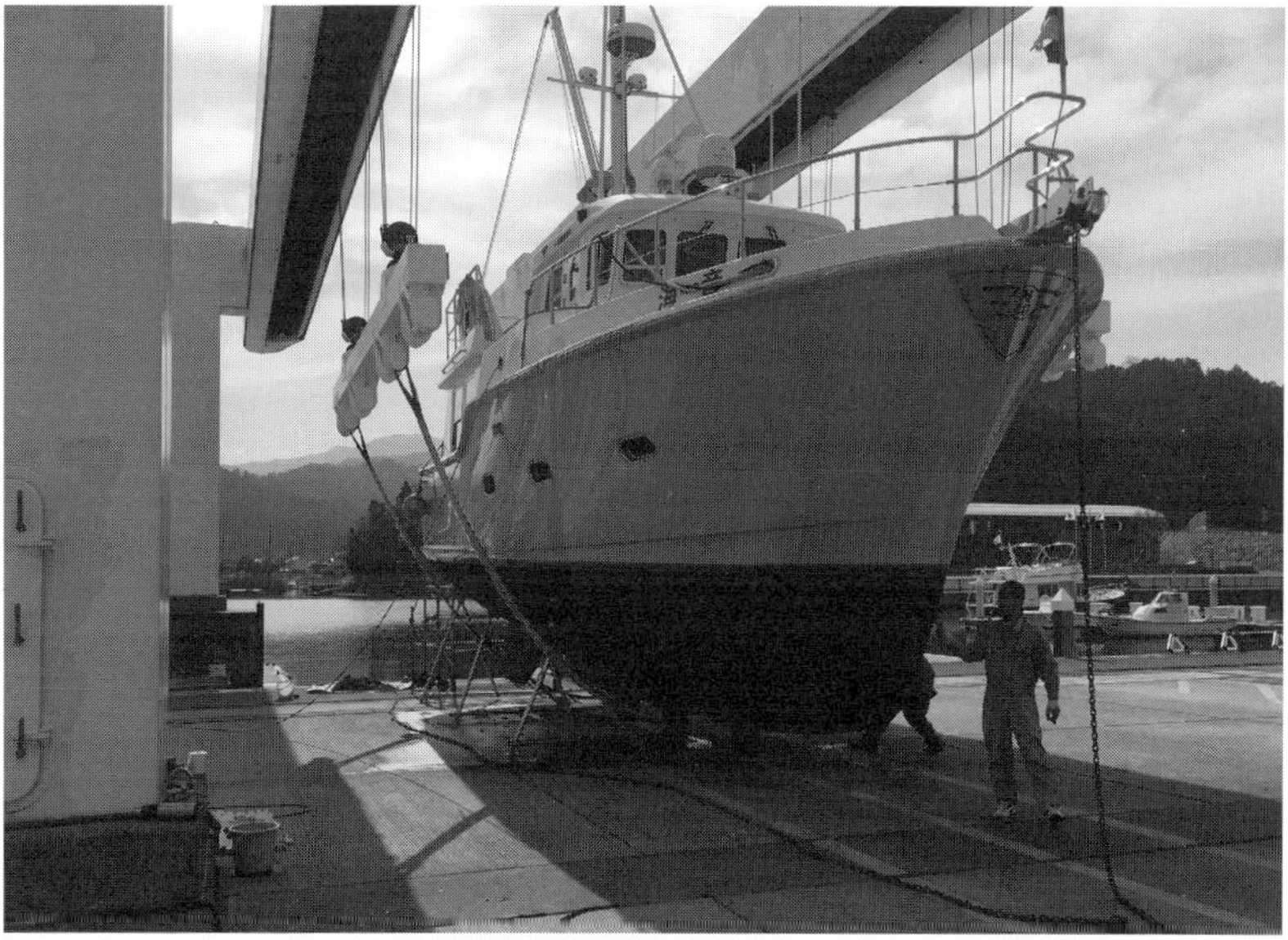

NORDHAVN 40（ノードヘブン 40）主要目

設計・建造・販売	Pacific Asian Enterprises （米国カリフォルニア州デイナポイント）
建造年	2005年（中古艇）
建造	中国厦門
全長	12,12m
全幅	4,42m
燃料タンク	920ガロン（3,482リットル）
清水タンク	200ガロン（757リットル）
エンジン主機	ラガー（Lugger） 170馬力（ディーゼル） 1軸固定プロペラ
緊急用補機	ラガー（Lugger） 40馬力（ディーゼル） 1軸（主機軸の左側に独立）
発電機	ノーザンライト 9kw
船速	巡航速度 7ノット（時速約12km）
最大速度	9ノット（時速約16km）

第1章　大洋航海用のボートを求めてアメリカに

ハワイへ向かう途中ではこの高さ4メートルを超える大きな波の洗礼に恐怖を覚えた二人だった

ドドドン、大きな音と鈍い衝撃で目を覚ます。カナダ国境に近い町、アメリカのアナコルテスから、カナダのバンクーバーまでの最初の航海だった。

「健ちゃん。今のなに？」

「テンさん（僕のこと）、まだ交代の時間に早いから寝ていてください」と大場くんの声が返ってきた。仮眠していた僕は当時73歳、美空ひばりの演歌を耳にしながら船室のベンチシートに横になっていた。

健ちゃんというのは大場健太郎くん（当時65歳）、彼は僕よりもうんと若いが、世間では十分老人といえる年齢に達していた。この時から遡ること13年前の２０００年8月3日、僕が横浜ベイサイドマリーナから35フィートのモーターボートで本州北回り半周回航をスタートさせた日、雑誌『オーシャンライフ』から取材に来ていたカメラマンが彼だった。

その時の僕は横浜のキーサイドというボート販売会社からモデル名「ＣＡＢＯ35ＦＢ」というモータークルーザーを購入し、ホームポートである日本海、敦賀ファーストハーバーまで回航しようとしていた。この時、船の紹介記事を書くため一緒に乗り込んだのが健ちゃんだった。13年後、一緒に太平洋横断の長い航海をすることになるのだが、そんな未来が待っていることなど、当時、夢にも思っていなかった。

僕と健ちゃんは水と油ぐらい性格は違っていたが、ちょうど相手の苦手な部分を自分の得意分野で補い合える船の相方としてはいいコンビだった。航海中はどちらかというと、神経質な船長である僕を大らかな大場君がうまくコントロールしてくれていた。

大きな波が容赦なく船を叩く。船外は結構荒れてきた。突然の衝撃にただ驚いた。やはり外洋の波は侮れない。遠洋マグロ漁船のガラス窓にベニヤ板が張り付けてある話。そういえば「海音《ミオ》」と名付けたこの船「NORDHAVN 40」（ノードヘブン40）も、ディーラーの社長から前窓にアクリル製の保護板を必ず取り付けていくよう、アドバイスされていた。

その時には、そんなたいそうなことする必要があるのかと、聞き流していた。しかし、忠告は正しかった。カナダ・ビクトリアからの最初の航海だったが、出発して一度もまともに太陽を見ていない。鉛色の雲がどっかりと船の上に覆いかぶさったままだ。波はというと、波というより水の山、風もほほをなでる心地よい風なんて生やさしいものではない。髪を逆立てる強風は常に20ノットから30ノットで吹いている。出発前にデッキでくつろぐために椅子を買って、航海中は青い海の上で照り付ける太陽の下、ビールを飲めるだろうと考えて買ったバトワイザー赤と白のアルミ缶がむなしく冷蔵庫で踊っていた。

船底でコンコンと異様な音がする。船の横揺れを自動で調整するスタビライザーの取り付け軸から、チョロチョロ水漏れしている。スタビライザーのシーリングに不具合があり、合わせてキールクーラー取り付け個所からもわずかな水漏れ……これも想定外の出来事だ。

「想定外」、なんと便利な言葉だろうか。うまくいかなかった時、失敗した時、予定が狂った時など、すぐ「想定外」で済まそうとする人が多いと思うが、僕は、ほとんどの事故は想定できる範囲で起こると思っている。

僕と健ちゃんは、２０１２年12月に、これまで乗っていた「ＣＡＢＯ35ＦＢ」（カボ35フライブリッジ）の売却を進めながら、大した事前調査も準備もせずに、アメリカ西海岸のカナダ国境に近いワシントン州アナコルテスという小さな町まで目星をつけていた中古ボートを買いに来た。

到着後すぐにそのボートを確認し、船体とエンジンの状態を調べるため個々に専門のサーベイヤーに依頼をして、エンジンと船体に異常なしの「報告書」をもらっていた。それにもかかわらず出発間際、キールクーラーの配管の付け根部分にシリコンが分厚く巻かれていることを発見、手で触ると少し湿っぽく配管の下が濡れているのに気が付いた。

そのボートの販売会社に確認すると「問題はないが、気になるなら修理するか？」と聞かれた。僕は「その程度のキールクーラーの問題なら日本に帰ってから修理する」と答えた、スタビライザーについては、販売会社から「定期整備は今まで一度もしていないが、現在は正常に作動しているから大丈夫」と返事が来た。

こんな状況で出航した僕たちにとって、アメリカ西海岸を少し北上するだけの最初の航程で発生したこのトラブルが、「想定外」といえるだろうか？　状況を自分の望む楽なほうに解釈しただけだった。厳しい航程が容易に想像できる太平洋横断航海を考えれば、整備のやり直しを決断すべきではなかったか。「後悔先にたたず」の結果になったのは必然といえた。

と、悔しい思いを抱いた時化の間も、あいかわらず船内には演歌が響き渡っていた。バタバタと日本を出た僕は、船の中で過ごすための娯楽用品として本、ビデオ、音楽CDなどは少ししか持たずに出国してしまった。船の購入手続きのために滞在したアナコルテスにいる間に、ビデオは見尽くし、すでに何回となく同じ物語を見ていた。娘夫婦から差し入れの美空ひばりのCD1枚と数点の西部劇ビデオを唯一の友として、老人二人の四畳1間の宿や船室で毎日毎回、朝から晩まで美空ひばりが歌っていた。

アナコルテスで拙い英語を駆使し、なんとかボートを購入

アナコルテスがどんな土地なのか下調べもせずに、急かされるようにボートを買いに来た怖いもの知らずといっていい老人二人組だった。僕の英語力は三歳児、大場君は幼稚園年長さん程度。

こんな二人がインターネットで見つけた中古艇「NORDHAVN 40」(ノードヘブン40)をアナコルテスまで下見に来たのが2012年12月。ノードヘブン社は元々、セールボートの建造・販売を行っていたメーカーで、台湾の定評ある造船所、ターシンで大型のモータークルーザーなども造っており、今世紀に入ってからはタフなセールボートを造ることで世界的に知られるパシフィックシークラフトの元社長を迎え、大洋航海ができるモーターセーラーやモータークルーザーを造っていた。アナコルテスへ

の1回目の訪問では、特徴ある北欧漁船ふうの「トローラータイプ」と呼ばれる船の外観を見ながら説明を聞いた。

この船体なら太平洋横断に耐えられる、頑丈なエンジンは170馬力と小ぶりだが燃費がよく、うまく走れば無寄港で2000海里以上走れそうだった。航海計器も必要なものはすべて揃っているなど、「太平洋を自力で回航したい」という僕たちの条件に合う船だった。ただ、試運転などはデポジット（手付金）を払わないとできない。

この下見をした後、一度帰国してアメリカのディーラーにデポジット（前金）5万ドルを支払い、再びアナコルテスに出向いた。ボートの価格交渉に加えて、購入した後、出航するまでマリーナに保管してもらうことなどを身振り手振りで交渉する。しかし、なかなか条件が合わない。とりあえず僕たちの船は、太平洋横断に適した時期となる翌年5月まで預かってもらわなくてはならなかった。保管料のほかに、保険もかけてくれ、という。その他諸々条件が折り合わないまま言葉の障害もあり、交渉は決裂した。

そこで「僕たちはこれからランチに行くが、船を売りたいのなら、僕たちが納得できる条件を提示して電話をくれ。売りたくなければ何も言わずに断ってかまわない。そちらからの電話がなければ契約は中止する。僕たちは午後に日本に帰るので、デポジット返金の手続きをしてほしい」と言い残し席を立った。

その後、先方より「契約書を作ったのでサインがほしい」と電話があり、事務所に戻って無事契約完了。太平洋を走るボートをやっと手に入れた。無事契約を済ませたボートはアナコルテスのキャンプサンテマリーナに預け、僕たちは帰国したのだった。

船を手に入れた僕たちは翌2013年4月、アナコルテスに舞い戻った。そして準備もそこそこに、マリーナを後にして出航した。ここで、予想もしなかった出来事が発生した。一般的にアメリカでボートを購入して3カ月以内は免税期間なのだが、それを超えると購入金額の8％の州税が必要になるらしい。

僕は日本出発前に免税手続をしていないことには気づいていて、いったんアメリカから帰国した後、健ちゃんに州税（消費税）の免税期間延長手続きをするために再度渡米してもらっており、それで、僕も健ちゃんも手続きは済んだつもりでいたのだが、彼はその時契約書類にサインをし忘れていたせいで期間延長はできていなかった！

僕たち二人は天気が回復するまでハーバーで待機していたため、免税期間を数日オーバーしてしまい、結局、州税を払うことになってしまったという、お粗末な出来事だった。

ディーラーの社長やアナコルテスのハーバースタッフからは「カナダへは出入国の手続きは必要ないから、勝手に好きな時に出航したらいい」と言われたが、律儀な健ちゃんは「法律違反はできない」とまっとうな意見を主張した。これから先の長い航海のことも鑑みここは健ちゃんの意見に従い、泣く泣く州税を払うことにした。

軽い気持ちで「行ってきまーす」と飛び込んでしまったところに免税延長手続きの不備を指摘され、消費税3万8000ドル他もろもろ400万円以上の支払いをすることになってしまった。このことで僕たちのバラ色回航生活の夢は崩れ、以後、地獄の貧乏生活を強いられることになる。

カナダでの忙しいショートクルージング

下見の後、一旦、帰国していた僕たちは２０１３年４月25日、再びアメリカ、アナコルテスに戻った。そして12日後の５月17日、購入した「ノードヘブン40」を「海音《ミオ》」と命名し、カナダ・バンクーバーに向け出港した。しかし前述の税金の問題で、アメリカ出国が遅れ、予定していたカナダ沿岸のインサイドパッセージのクルージングを大幅に短縮することになった。

ちなみに出会った外国人は皆船長の名前はなかなか覚えてくれなかったが、「海音」（ＭＩＯ）という船名は外人でも読めるので、みんなが「ミオミオ」と最愛の孫の名前である船名を親しく呼んでくれたことが嬉しかった。

５月17日朝にアナコルテスを後にした僕たちと「海音」は、夕方にはバンクーバーのすぐ近くまで来ていたが、バンクーバーの入り口がわからず30分以上バラード海峡をさまよった。冷静になって考えてみると、スマホのマップアプリで検索して拡大すれば、すぐに位置を確認できたはずだった。それなのに、慣れない英語版のＧＰＳで位置を探した愚か者の所業だった。

やっとバンクーバー港に到着したものの、入国管理事務所がわからず立ち往生。一つ目の橋を渡ったすぐ右奥にそれらしき桟橋に着岸し、通関はどうすればいいのか電話でやり取りしたが、最後は「英語で話せ」とつれない返事。粘りに粘り、すでに僕たちが桟橋に着いていることを理解してくれ、「そこで待て」と指示をもらった。まもなく大きな体の男性のイミグレーション職員二人が来て、簡単な質問の後、船を見てパスポートにスタンプを押してくれた。

その後、予約していたクエサイドマリーナまで移動した。橋を3つくぐった先の高層ビル前にある、都会の真ん中のマリーナだった。久しぶりのシャワーでスッキリし、疲れていたので、ビデオも見ないで寝た。ところが夜中に「船が傾いているよ」と通行人が報せてくれた。「海音」の燃料タンクは左舷と右舷に分かれていたが、燃料タンクのバルブ操作ミスで船が右舷に傾いていたのだ。

翌5月18日9時に起床し、小雨の中、健ちゃんと市内観光と買い物に出た。左右の燃料タンクコックを閉め忘れたせいで、あいかわらず「海音」は傾いていた。桟橋を通る人たちが「船が傾いているのは、ビルジが溜まっているか、浸水している恐れがあるから注意しなさい」と皆心配してくれる。日本では考えられないが、ここではそれだけ船は身近な関心の対象のようだった。

泊地で安全にアンカリングするために長い長いチェーンも積んだ

5月19日、バンクーバーを出発し、15時にはペンダハーバーのフイッシャーマンズリゾートという所に入港。1泊80ドル也。

5月20日15時30分、ペンダハーバーを出港、プリンセス・ルイーザ海峡入口に向かう。海峡入口のマリブ・ラビッツを通り、海峡最奥の桟橋に無事到着。とうとう来られた！　美しい景色に感動。本当は妻と一緒に見たかった景色だった。

5月21日あいにくの雨降りだったが、下ろしたテンダーに健ちゃんが乗り込み、素晴らしいロケーションの中でボートが走るさまをビデオ撮影してもらう。プリンセス・ルイーザ入り口のマリブ・ラピッツまで走る僕の「海音」に、テンダーが伴走して撮影を行った。

難所のマリブの流れの速い潮を乗り越え走り抜けるが、舵効きの遅い「海音」は左右に大きく蛇行しながらシエービス海峡に出る。帰りはまたペンダ港ホスピタル湾にあるマリーナに停泊した。1泊80ドル也。

5月21日16時30分、ペンダ港ホスピタル湾フイッシャーマンズマリーナに到着、1泊80ドル也。

5月22日、ペンダ港フィッシャーマンズマリーナを6時に出港。寄り道したいところがいくつもあったが、勉強不足のため潮の情報が正確に把握できなかったのに加え、「ウイスキーゴー」と呼ばれるカナダ海軍の演習場所など航行が制限されている海域を避け、安全優先で広くて走りやすい最短コースを走ることにした。17時10分にシドニーという町のカヌー・コーブマリーナに到着。

5月23日6時、カヌー・コーブマリーナを出港。ガッジ島を左にファーニー島を右に見ながらビクトリア港に正午前に到着。観光水上機の飛び交う港の中をうろうろする「海音」を見かねたコーストガードが近寄ってきて港奥のマリーナ桟橋まで案内してくれた。マリーナ係留費用約52ドル也。手続きを済ませた後、町に買い物に出る。

この港の中は観光水上飛行機が絶えず飛んでいて着水優先になっているようで、船の航路は本船以外航路の端を通るようになっている。これからカナダを出てアメリカに入るが、カナダに入国した後は勝手に出国していいようだ。アメリカへ再入国する場合はサンフランシスコで入国手続きをするのかな、とぼんやり考えた。

船速5ノット前提の航海計画

よく、ヨットに乗る人には「風を感じ、風と友達になるために大海原に出る」という人がいる。本音かどうかはわからないが「水も食料もたくさん積んでますから、何かあってもどこかに着くでしょう」と楽観的なことをいう人もいる。しかし、ボート乗りの僕は今まで風を友にするとか、風と遊ぶとかは考えたことはない。外洋に出れば風はとても危険で、特にボートにとっては一番怖い脅威だ。友達付き合いなんてとんでもないし、むしろ一番いやな奴である。

モーターボートは燃料がなければ1ミリも前に進むことができない。当然、燃料はボートにとって血の一滴！　ボートで長距離を走るためには「燃料」が最優先課題となる。

僕が選んだ船は、大洋横断するには極めて小さい全長40フィートのモータークルーザーだが、航海に必要な設備はすべて備えている。家でいうならオール電化の最新住宅。停電しなければこれほど快適なところはないのだが……この快適な設備が海では状況によって大きな脅威に代わる。すべての電力がエンジンに依存しているから、ガス欠や機械トラブルがあれば、ボートは機能不全に陥り、即ただの箱になってしまう。

こうなった箱の中では、人は居ることすら困難になる。船型や構造の違いで、セーリングできるヨットのように漂いながら修理するなんてことはほぼ無理なのである。たくさん食料を積んでいるから、どこかに着くまで我慢するということはほぼ不可能なのだ。

ちなみに日本船籍のモータークルーザーを含む小型動力船で日本からアメリカに行くには、厳しい法律の壁があり、現状では簡単には出航（出国）できない。個人でこの法律をクリアすることはとても難しく、事実上、合法的に日本を出ることはできないと考えてよい。

ではアメリカ船籍のボートの場合はどうか？　この場合、何の制約もなく自己責任で太平洋を渡ること（国際航海）ができる。アメリカ船籍のボートは日本の法律の権限外となり、海上保安庁も特別な事情がない限りアメリカ船籍の船を臨検することはない。ということで、僕はアメリカで船を購入し、アメリカ船籍のまま日本を目指すことにしていた。

僕たちはすぐ外洋航海に耐えられそうで、かつそのまま日本でも乗り続けたい船を探しにアメリカに行き、ノードヘブン社製の40フィート170馬力のトローラー（北欧の遠洋漁船をベースにした設計の）中古のモータークルーザーをカナダに近いアナコルテスで見つけたのだった。

当初はアラスカ回りアリューシャン列島沿いに走り北海道に入る北回り計画だったが、低気圧の墓場を通る北回りは非常に危険ということで、急遽ハワイから南に下がるコースに変更して計画を練り直したのだが、ハワイまで2000海里と航程が長く、無給油で走り切ることができるかどうか、これが一番の問題となった。

この船のカタログ上には、計算上無給油で2000海里以上走れることが書かれていたが、これを100%信じることはできない。あくまでも風の影響、潮の流れ、波の大きさは計算ファクターとして一切考慮しない計算上の性能だからだ。計算上は5ノットで走り18日間（432時間）走ればハワイに着くが、18日間海が荒れずに済むわけもなく、これが一番心配なところだった。

ハワイからマーシャル諸島マジュロそしてミクロネシア連邦センヤビン諸島ポナペ島（ポンペイ）から北マリアナ諸島サイパン島東側を走り、小笠原諸島父島経由で日本本土に帰るコースで航海計画を立てたのだが、問題は無給油で走らなければならない小型船には厳しい2000海里以上となる航程があることだった。

航海を計画していた時期は、コース上は東からの風が強く、僕たちにとっては追い風となり燃料節約には好条件だったが、潮の流れは味方してくれそうになく、プラスマイナスゼロと考え燃料節約の方法を考えなければならなかった。

その結果、エンジンの回転数を1300回転以下に抑えると、燃料消費量は時間当たり2ガロン（約7・6リットル）以下となり、船速5ノット（時速9キロ）をキープできればハワイに到着できるという計算が浮かんだ。この計算どおりに走り続けることができれば燃料は864ガロン（約3280リットル）で済む。この船の燃料タンク容量は920ガロンなので、ぎりぎり走り切ることができるはずだった。

ただし「成功させるためには正確な進路」「18日間大時化に合わないこと」「機関に不具合を出さない

こと」「完璧な整備を確実に実行すること」が絶対条件になる。これらの条件がすべて満たされないと、僕の船は確実に漂流遭難することになる。

セーリングヨットと大きく違うことは、食料や水を充分積んであるからといって、低気圧を避けて、安全のために遠回りしてでも日数をかけて走る、という選択ができないことである。余裕は1ミリもない。条件として430時間、5ノット、最短距離、を死守すること以外成功する可能性はなかった。

渡米前、妻にこの計画を話したら当然ながら大反対！　今までいろいろ僕のわがままな行いにも渋々ながら最後には了解してくれた妻だったが、今回の太平洋横断計画だけは頑として受け入れなかった。妻の同意が得られないまま、見切り発車の状態で計画だけが進んでいった。アメリカへの出発当日も、京都でランチを妻と一緒に食べたが、最後まで納得はしてもらえなかった。

結局、空港まで見送りに来てもらえず、京都駅で気まずい思いを抱きながら関西空港に一人で向かったのだった。

慌ただしくサンフランシスコへ

２０１３年5月23日、気象海洋コンサルタントの馬場邦彦さんからの連絡では、当分お天気の回復は見込めず、サンフランシスコ沖は29日からはさらに荒れ気味とのこと。出来れば低気圧が大きくなる前、5月28日まではサンフランシスコに到着したい。ということで、海はけっこう荒れていたが、日をまたがずに19時、宵闇が迫る中、ビクトリアを出港、サンフランシスコに向かった。到着までは5日間の航海を予定していた。

ビクトリア出発後は真っ暗な海が広がっていた。これからファン・デ・フカ海峡を走らなければならない。この海域の北側はカナダ領、南側がアメリカ領という複雑な海だった。僕たちの「海音」は、序盤はカナダ側を走り、後はアメリカ領フラッタリー岬を目指し、暗夜のファン・デ・フカ海峡をひたすら走った。夜明けには北太平洋に出るつもりだった。

ワッチの交代は3時間毎とした。弥次喜多老人二人にとってはこれがなかなかの苦行だったが、これでへこたれたらサンフランシスコまでの3倍あるハワイまで航程を走りきることはとても無理。頑張るしかない。

5月24日7時30分、前方に雲が低く垂れ込めた。ほとんど船に出会わないが、時々トロール漁船のような船が沖合で漁をしていた。16時になると風速は12ノットに落ち、穏やかな海となっていた。このままの海況が続くことを祈りながら、たくさんの島々、半島の間の海峡や水道を抜け、アメリカ・サンフランシスコへ針路を取った。時計は16時30分、アナコルテスを出て400海里を走ったところで、燃料コックを左舷タンクに切り替えた。

5月24日18時、左舷側燃料タンクを右舷側燃料タンクに切り替えた。船の左右バランスを保つため、ここからは24時間ごとに燃料タンクを切り替える。健ちゃんが左右タンク燃料使用状況とゲージ表示を頻繁に確認して記録を取る。彼は細かく燃料計の表示をパソコンに入力してくれているが、船の揺れが大きいため正確に計測できない。それでも何回も計測して平均値を探していた。

この時、燃料を時間当たり2～3ガロン消費していた。この1ガロン（約3・8リットル）の差が問題だった。2ガロンと3ガロンではハワイへの距離を考えると大きな誤差になり、到達できるかできないかの結果に大きくかかわってくる。絶対目標として「時間2ガロンの燃料消費、船速5ノット」が理想だった。この条件を満たせばハワイまで行ける。

5月25日10時、前方に水柱が5本上がった。クジラだった。

5月27日、航海も無寄港で4日目、大荒れの天候になった。40ノットまで風が上がっていて、厳しい一日になるのを覚悟していたが、通風口を閉め忘れたり、アンカー固定するのが甘かったせいで波に叩かれアンカーが暴れだしたり、悔やまれるミスが続いた。

さらにテンダー固定金具を閉め忘れたせいでテンダーが定位置から外れる、カナダ国旗をしまい忘れるなど、トラブルの連続だった。通風口は海水が入った時には、健ちゃんがフタを取り付けてくれたが、けっこう大変な作業だった。時化の中、燃料フィルター交換も行った。まずは正確な燃料消費量を出さなければいけない。

サンフランシスコに到着、即座礁

5月28日16時、サンフランシスコ沖にはまだ20ノット以上の風が残り、波も高く、僕たちの緊張は続いていた。霧に煙る前方にゴールデンゲートブリッジがぼんやり見えた。大きな貨物船が滑るように橋の下をくぐり港に入っていく。流れの速い橋の下を「海音」は大きく蛇行しながら目指すハーバーに向かった。

17時30分、サンフランシスコ到着。出発してから1068海里走った。ちょうどサンフランシスコ～ハワイ間の半分の距離にあたる。燃料ゲージの目視確認では、右側タンクに245ガロン、左側タンクに230ガロン残っていた。とりあえずそれらしき桟橋を見つけ船を付けた。しかし予定していたマリーナはグリーンマリーナヨットハーバーだったが、間違って隣のマリーナに入ってしまったようだった。

5月29日11時、相変わらずの強風の中、係留場所を変わるため移動の準備にとりかかる。まずは給油桟橋に移動して給油。その後、船を移動しようと、舫いロープを外し、バウスラスターを使って桟橋から離れようとラットを左に回したが、船首が桟橋から離れなかった。風に押されているわけではなかった。風は反対側から吹いていた。

「何で?」と思いながらラットを右に切り前進したが、それでも動かない。船底から泥が舞い上がっていた。浅い! 潮位が下がっていて、船底が海底につかえて船が動かないのだ。あわてて給油所まで潮の情報を集めに行く。僕たちはいつも、事前にやるべきことをやっていない。マリーナの中だからと油断していた。

アルカトラス島

とりあえず、潮位の上がった午後2時頃に移動することにした。移動先のグリーンマリーナヨットハーバーの入り口の鍵も貸してもらったので、僕たちはこの時間待ちの間に買い物をした。前日から体調が悪い。動くと胃がムカムカする。船酔いか、それとも体力が無いのか？　頭も重く、考えごとをすると後頭部が痛くなるし、食事も進まなかった。

燃料消費量の確認

このサンフランシスコでは、１０６８海里を１７２・35時間で走った後で、ポート側燃料タンクに２９７・９ガロン給油、スターボード側タンクに２８４・７ガロン給油した。

健ちゃんは燃料タンク満タンの容量をカタログにある数字より多めに設定し、燃料消費量を計算していた。実際にはカタログにある数字よりおまけの容量があるものだという持論だったが、僕は逆に少ないのでは、と思っていた。満タン時で９２０ガロンとカタログにはあったが、この数字を１００％とせず、航海計画上はこれの80％から90％の範囲で厳しく計算したいという思いを彼に伝えた。この先は３５０海里毎、６回に分けて、所要時間も併せて燃料消費量を計算することにした。

そのためのテストを行い、最初の３５０海里を１３００回転で70時間走った場合の燃料消費量が１５０ガロン以下なら、計算上はサンフランシスコからハワイまで走り切れることになる。最初のテストの数値が悪ければ、次のテストでの３５０海里は１２００回転以下で走ることにした。

もし燃料消費量が予想以上に悪い場合、70時間走って150ガロン以上使ったという結果なら、今回の航海は残念だが中止とすることと決めた。ただし、テストは2回までとした。1回目で結論を出し、基本、2回目テストはハワイに行くことを前提に行うことで1200回転以下のスピードも覚悟した。

サンフランシスコの日々

まずはマリーナ係留料（1日60ドル）を、6日分360ドルを現金で払った。クレジット決済をする場合、JCBカードは使えず、VISAもしくはMasterカードを要求される。

夕方から、ちょっと離れているダウンタウンまで散歩。健ちゃんはタフだ。フィシャーマンズワーフでいつもより少し豪華な食事を楽しんだ後、WiFiが繋がるスターバックスに寄り、コーヒーを飲みながらメールチェックをした。

散歩中には、この年の「アメリカズカップ」がサンフランシスコで開催されるとあって、その予選である「ルイ・ヴィトンカップ」の練習風景を見ることができた。目の前でレースに出るカタマランのヨットが海面をかっ飛んでいた。クルーはヘルメットを被り、まるでF1レーサーのよう。練習中に死亡事故もあるという。

船内の掃除終了後、日本人街まで散歩に行く。調子の悪いルーター用SIMカードを探したが、見つからず、AT&TショップまでいってSIMカードをゲットできた。さっそく船でテストしてみたが、作

サンフランシスコに停泊中の「海音」

動しない。僕たちの知識不足でＳＩＭカードと健ちゃんが購入したルーターが合わないようで、ＡＴ＆Ｔのルーターを買えば使えそうだった。翌日もう一度ショップで確認することにした。結局、購入したＳＩＭカードは使えなかった、残念。

５月31日、妻からのメールが届いていた。嬉しいな。太平洋横断航海に理解を得られないまま渡米してしまったので、少し安心。でも、こんな僕を家で待つ彼女の心労は計り知れない。この日は洗濯で時間を使った。

のんびりしながらも、ハワイまで燃料が足りるかどうかが少し心配だった。しかしそれ以上に、どれくらい好天が続くのかが気になる。ハワイまで予定しているのは18日間の無寄港航海だ。かなり体力が要るのははっきりしている。荒天に見舞われても大丈夫だろうか……また、燃費によっては20日かかるかもしれない。海の上に長くいるほど、荒天に見舞われる確率は高くなるし。

船の売り主であるフランクからメールで、「燃料は予備タンクを増設して200ガロン増やすこと、ライフラフト（救命筏）も積むこと」とメールでの念押しがあった。ライフラフトが必要になる時は当然船体放棄を覚悟しなければいけないが、僕は船を捨てて生き延びるという選択肢は持っていなかった。二人の棺桶になることも覚悟して買った船である。今回は背水の陣で太平洋に出た二人だった。

サンフランシスコからハワイまでのコースは、予定より南に下がらなければならないため、距離的にはハワイ島ヒロまでは少し短くなるが、逆にホノルルまでは約100海里以上長くなりそうだった。緊急時は行き先を変更することも考えておく。船速1ノットの違いでハワイまでの日数で約3日の違いが出る。4ノットで23日、5ノットで18日、6ノットで15日。

大場君の友人であるサンフランシスコ在住の石川さんのガイドで、車で市内観光をさせてもらった。日本を遠く離れた旅先で出会う親切はとても心に浸みる。プロパンガスの充填まで手助けしてくださり、とても助かった。ありがとうございました。

6月1日6時30分起床、快晴だったが、朝から風が強い。ハワイまでの航海をいろいろ考えていたら朝早く目が覚めた、食料、燃料、ライフラフト、増設タンクなど、やることがいっぱいだし、お金が足りなくなっていた。燃料フィルター、メインエンジンオイル補充など大場君が大活躍してくれた。その後テンダーにカバーをかけ、固定金具の確認をする。スターバックスでメール確認、日本の気象海洋コンサルタントの馬場さんへ、出発日確認のメールを送り、帰りにランチピザ。

天気が回復すれば6月3日に出港できるかもしれない。2日に届く予定の馬場さんからのお天気情報で決めようと思う。この頃のサンフランシスコは、太陽は出るものの、いつも風が相当強く吹いていた。この日も南西の風が20ノット以上で吹いている。これが北西から東の風にならないと、僕の船はハワイまで行くことができない。

今夜は久しぶりのＤＶＤ「アパッチ砦」を見て寝ることにする。明日はフイッシャーマンズワーフでハンバーガーだ。このマリーナはＷｉＦｉがつながらないため、メール確認と馬場さんの天気情報確認に毎回スターバックスかアップルストアまで行っている。それにしてもこのボートは便利にできている。走行中はインバーターで１００Ｖがいつでも使用でき、ジェネレーターからの12Ｖと使い分けして使うととても便利だ。

６月２日７時30起床、快晴。例によって強風。それでも朝からヨット、ボートがたくさん出て行く。皆操船が上手い。ヨットはハーバーにセーリングのままで入港してくる。とても楽しそうに毎日船を出している。50フイートのトローラータイプのモータークルーザーでも、年配のおじさんが簡単に船尾付けで栈橋に入れていた。みごとな船の扱いに感心。

スターバックスで馬場さんに連絡して、翌３日出港に決定。高気圧の関係でサンフランシスコ沖は荒天のため、まずは北緯30度まで南下してからハワイを目指すことになった。出航前にはマーケットに食料の買い出しに行こう。出航は10時の予定。６日間のお天気待ちで、充分にサンフランシスコ観光もでき、心の準備も整った。ＧＰＳのハワイまでのルートセッティングも終え、準備万端だ。

第2章

無寄港無給油でハワイまで2000海里

余儀なく遠回り！

6月3日10時、サンフランシスコ出航。オアフ島ホノルルまで最短距離で2100海里、所要400時間と予測。ハワイ島ヒロまでだと最短距離2000海里、こちらも所要400時間と予測。

これからはGPS用詳細チャートがないため、今後はすべて緯度経度で目的地を検索する。

（1）サンフランシスコ出口　北緯37度46・5399分　西経122度33・6125分

（2）転進予定位置　北緯30度04・9576分　西経130度07・8135分　サンフランシスコからの距離600海里

（3）オアフ島　北緯21度14・0784分　西経157度40・9828分

（4）マリーナ入口　北緯21度16・0037分　西経157度51・0740分　サンフランシスコからの距離2189海里

サンフランシスコ沖の高気圧を南に避けて北緯30度のサンディエゴ沖まで南下してハワイに向かうことにする。航海距離が延びるのは心配だったが、風速20ノット以上、波高2～2・5メートルという海況ではしかたない。

6月3日、ハワイへの航海初めての夜を迎えた。緊張のためか、体調が思わしくない。

6月4日、空は厚い雲に覆われているが、雨はない。テンダー固定用ワイヤーのピンが1カ所抜けていた。気がついてよかった。海が荒れていたら、とてもじゃないが対応できなかっただろう。

消費燃料について予想より船速が上がらないことで厳しい試算結果が出ていた。最善を尽くして走るつもりだが、万が一これ以上改善できない時は、サンディエゴに入る（緊急避難する）つもりだ。その決断は、サンフランシスコから600海里ぐらい走ったところでする予定。

6月5日、前日と変わらず曇り。ワッチ交代は12時、3時、6時の3時間毎。相変わらず速度は4ノットを少し出たところ。このままでは走り切れない。

いつもワイルドで強気な健ちゃんがプチパニック。今まで経験したことが無い太平洋の荒々しいパンチをくらい思わず弱気が出てしまい、横浜の気象コンサルタント、馬場さんに緊急避難先を問い合わせていた。老船長と二人っきりという状況で、普通の人ならサンフランシスコでリタイアしてもおかしくなかったが、彼はよく頑張っていた。しかし、ロサンゼルス、サンディエゴなどの海況を聞いて悩んでいた。太平洋は始まったばかりだし、いまさら3メートル程度の波で悩んでも始まらないのだが。

6月6日、曇り。未だお日様は見えない。神経質な船長が嫌なものを見つけてしまった。ここ数十年、頭のフケなんて経験したことないのに、船内のそこら中に白いフケが落ちていたのだ。近年フケなんて意識したこともなかった。頭が痒くて辛抱できない。僕たちは船を動かすことで頭がいっぱいだったようである。僕たちはこの航海で初めてシャワーを使った。少ない石鹸で、とりあえず頭と顔を洗う。何日ぶりかにスッキリ！　洗髪はサンフランシスコで洗濯しながらシャワーして以来だ。

順調に走っていた。波も穏やかになり、風は少しずつ北西に振れていて、速度は若干上がっていた。エンジン回転数1100rpm、水温176F（摂氏80度）、油圧41、燃料消費量毎時1・6ガロン、船速平均4・4ノット。

6月7日、晴れ。太陽が初めて顔を出した。北北西の風10ノット、波高2メートル。8時の時点で、出港から426海里航行、平均船速4・5ノット、ハワイまでの残り航程1774海里、あとおおよそ16日で到着のはず。今後のお天気が心配だ。これから5日間、かなり天気は悪くなる模様。6月12日まで平均最大風速は30ノットで、波は最大で6メートルを超え、視界は悪くなるとのこと。横浜の馬場さんから連絡があった。

二人とも少しずつ疲れが溜まっているようだった。健ちゃんとの会話が少なくなっていた。船の揺れがひどく、なかなか思うように食事が摂れないのもストレスの原因だった。燃料については、あと少し船速が上がれば何とかなりそうだったが、今後、海が荒れて、平均船速5ノットを保てないと、厳しいことになりそうだった。

600海里を走り、北緯30度の転針予定地点に向けてひたすら前進、約5日間の航程だ。残り1600海里を平均船速5ノット（時速9キロ）以上キープできれば計算上は356時間だから、燃料は時間当たり1・6ガロンとなり、残り570ガロンあれば15日でハワイ、オアフ島に到着できるはずだが。

船速5ノットは、時速9キロメートル、補機のみで機走する30フィートクラスのヨットと変わらない。ホンマにハワイに着くのかいなと思うぐらい遅いスピードだが、このスピードをキープしないと燃料が足らなくなる、我慢ガマン。

6月8日、波高2・5メートルの横波を受けながらの航行となった。ちょっと危険を感じる走り方だ。

スタビライザー取り付け部から若干水漏れが見つかった。とても気になる。今後の予報では、荒天が16日まで続くようだ。実際、4日後には最大波高4・5メートルにもなった。

6月8日時点で燃料は200ガロンを使い、燃料タンクにはあと720ガロン残っていることになる計算だが、現在の船速4・0ノットでは絶対ハワイには届かない。サンフランシスコ出発から、117時間が経過した。毎時1・6ガロン消費してこれまで200ガロン消費。残りの燃料が700ガロン。とにかくあと1ノット（時速1・8キロメートル）が必要だ。なんとしても5ノットを保つよう走らないといけない。

行くか戻るか

海の状態が悪くなると、永遠にこの状態が続くように思えてきて、気持ちが落ち込みイライラが貯まる。つい弱気になりがちだが、必ず天候は回復する。それを待てないと気持ちが揺れるものである。そんな気の弱い軟弱な老人が船の上に二人いた。鬼船長も平静を装っているが心は穏やかではない。サンフランシスコを出港して600海里地点にさしかかっていた。ハワイに向かわずサンディエゴに引き返すのなら、ここしかない。行くか帰るか、最後の選択の時が来た。

日頃強気な健ちゃんもここにきて気持ちが震度6強で揺れていた。この地点を離れるともう引き返すことができない地獄の一丁目である。どんな閻魔さんが待ち受けているのか考えるだけでも恐ろしい。

問題は燃料が絶対持つか、天候が急変しないか、二人の健康は大丈夫か、ハワイ以降の出入国の問題は大丈夫かなどなど、健ちゃんが忠告してくれる。僕はすぐに正確な答えは出せなかったが、この時に言えたことは「帰る選択肢は持ち合わせていない」ということだった。

出発時、燃料に見通しが立てばハワイに向かうと決めていた。海の状態は想像していたより苛酷で困難を伴うとは思ったが、工夫すれば燃料は何とかなりそうだから、予測不可能なことで悩むより、今ここで二人でできることを考え、前進したかった。だから、「このままハワイに向かって進むことに集中しよう」と自分に言い聞かせ、サンディエゴに引き返さない旨を彼に伝えたのだった。

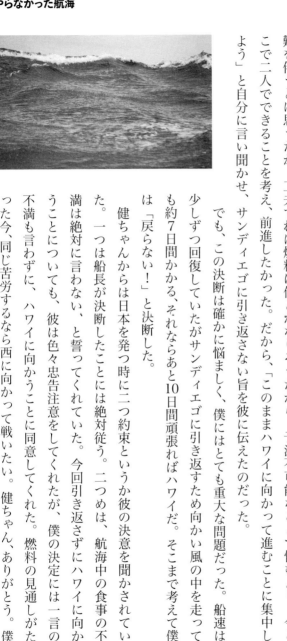

でも、この決断は確かに悩ましく、僕にはとても重大な問題だった。船速は少しずつ回復していたがサンディエゴに引き返すため向かい風の中を走っても約7日間かかる、それならあと10日間頑張ればハワイだ。そこまで考えて僕は「戻らない！」と決断した。

健ちゃんからは日本を発つ時に二つ約束というか彼の決意を聞かされていた。一つは船長が決断したことには絶対従う。二つめは、航海中の食事の不満は絶対に言わない、と誓ってくれていた。今回引き返さずにハワイに向かうことについても、彼は色々忠告注意をしてくれたが、僕の決定には一言の不満も言わずに、ハワイに向かうことに同意してくれた。健ちゃん、燃料の見通しがたった今、同じ苦労するなら西に向かって戦いたい。健ちゃん、ありがとう。僕の決断の下、「海音」はハワイ・オアフ島に一直線の針路に転進した。絶対生きて日本に帰ろう。健ちゃん、任せて！

6月8日18時15分、馬場さんへ、「海音」の現在位置とこれからハワイに向かう旨をメールした。波高は相変わらず2〜3メートル。5回目の夜が来る。あと何回眠ればハワイなのかな？　これからの航海どんな景色が待ち受けているか想像するだけでも緊張と不安で賞味期限の切れた老人二人の心臓は爆発しそうだった。

コースを設定した後、自動操舵で何もしないのはダメだ。距離が長いため、つい外れがちになるコースをこまめに修正して設定したラインに合わせておかないといけない。水線長が短い「海音」は、太平洋の大波の圧力には勝てず、直進することが難しい。だから波に負けて船が蛇行する。注意して方向を修正しないと、すぐ大きく進路から外れてしまう。絶えずGPSで進路を確認してできるだけロスを少なくし、最短距離をキープすることで燃料の節約をしたかった。特に夜間のワッチの時には、このコースの微修正がおろそかになる。何度もコース設定をするのだが、単調で長い航行のため緊張感を保つのが非常に難しい。

夜間航行

6月9日午前3時、高気圧の周りを迂回して走っていた僕たちはここでハワイに向け転進、針路238

度。

もう戻ることはできない。波のため船速は3.5ノットまで落ちていた。やばい、ヤバイ。このままでは絶対ガス欠になる！　危険だ。

少なくとも平均船速を早い時点で5ノットまで回復させないといけない。波の方向が悪く横揺れが大きくなり、身体を支えることも難しかった。絶えず何かにつかまっていないと身体が飛ばされてしまう。

6月9日20時、エンジンの回転数を1400回転に上げた。進路上で、2時間後には波高6・0メートルになると天気予報士馬場さんから連絡が入った。大時化になる前にできるだけ前進しておきたいとの気持ちから、船速を5ノットに上げたのだが、どれだけ効果があるかは疑問なところだった。5ノットで2時間走ってもたった18キロメートルしか移動できないのだから。

6月10日午前3時、ワッチ交代。いつも心配になるのは、自分を含めてワッチ当番が爆睡してしまうことで、ワッチ交代時にはよく進路がずれていた。燃料がとても心配だった。進路の調整が少し甘くなっただけという小さなミスかもしれないが、生きて帰りたいならミスは確実になくさなければならない。常に100点目指しているのだが、90点は取れても100点が取れない。あと

航海中は見えるエンジン回転数、速度、燃料残量をしめす計器をいつも見つめていた

少しが足りない。これじゃダメヤ！

僕たちの夜のワッチは3時間交代にしていたのだが、船内の老人二人は常に24時間暇を持て余していた。そのくせ、夜にやらなければいけない作業がけっこう辛かった。特にすることがない昼間に仮眠しておかないと、毎回夜のワッチは睡魔との戦いとなった。

夜は外の景色がまったく見えない真っ暗な窓ガラスを見つめるか、闇に浮かぶ航海計器の表示を見て正常に動いているかの確認をするか、針路と走行距離（時間）とエンジンモニターに表示される燃料の消費状態を記録することだけが主な仕事だった。自動操船装置が設定した進路に船を走らせてくれるので、基本ラット（ハンドル）を握ることはないが、波や風、潮の影響でなかなか真っ直ぐに走ってくれない船をコントロールするためには、絶えずＧＰＳで自船の位置確認と進路調整、エンジン回転数の調整が必要だった。

出航して1週間ほどたって、この作業がおろそかになっていることが多くなった。ワッチ交代後にＧＰＳで確認すると、20海里もコースがずれていたこともあった。太平洋の真ん中で僕たちの船は20海里の誤差の持つ意味は大きい。「海音」のような小さな船の場合、油一滴も無駄にできない、少しの距離もロスも許されない「海音」は時間と燃料と絶えず戦っていた。僕たちはここにきて気が緩んできたようだ。初心に返らないと、気の緩みは命取りになる。

見えない夜の見張りにも意味がある。やっぱり操舵室での居眠り禁止にしたい。健ちゃんには眠くなったら時間前でも交代してもらうようにしよう。ワッチは絶対寝ないこと！

ワッチの意味

何か突発的な出来事、衝突または衝突寸前、機械故障、航海計器の不具合などなど、熟睡していると目が覚めても瞬間何が起きたのか現状を把握するまで時間がかかる。正常にワッチできている時は、事故が起きても次に取るべき行動がより早く的確になる。緊急時はこの数分の差が生死を分ける。

クジラに衝突とか、本船と衝突とか、燃料漏れの見落としとか、「運が悪かった」なんて僕は言いたくない。運を招くために日常の基本作業を大切にする、これが悪い運を少なくできるコツだと僕は思っている。

この日までの平均船速4・436ノット。推定燃料消費量297ガロン。計算上では920ガロンを297ガロンで引くと、残量623ガロンのはず。残り距離が1600海里だから、必要燃料は船速5・0ノットの場合でも640ガロン、17ガロン不足する計算だ。早く平均船速を5ノットに戻さないとハワイに届かなくなる！

6月10日、曇り。太陽はまったく見えず北東の風13ノット、波高2メートル。サンフランシスコを出てから1週間がたっていた。肉体的にも精神的にも、航海がきつくなってきた。

朝晩冷え込むが昼間はさすがに暑くなり、そろそろ半袖に変えなくては思ったが、暑さより「頭が痒い」ほうが辛かった。そこら中にフケが撒き散らされ、テーブルにも白いコナが落ちていた。ハワイが遠い。まだかまだか……。

このフィンが荒天時にとても役に立つスタビライザー

幻聴と現実

出発から1週間、まともな食事もできず、揺れの大きい時にはビスケットをかじり、水を飲むだけの日が続いていた。頼みの炊飯器も大きなローリングで3度も空中に飛ばし、壊してしまっていた。電子レンジで温めるパックご飯で飢えをしのいでいた。

このころ、僕たちはさまざまな音にも悩まされるようになっていた。誰かの話し声が聞こえる。僕たち以外に誰がいる！　実際ありえない幻聴なのだが……ある時、休息中の健ちゃんが突然飛び起き、「浸水している！　誰かいる！」と操船室に飛び込んできたこともあった。夢を見ていたようだ。どうも船上の老人二人は正常な判断ができないほど疲れ切っていたようだ。

幻聴で聞いたしょうもないやり取りの内容はもちろん、どんな小さな物音も気になってしまった。幻聴の内容は確認したくなるし、小さな音は発生源を確かめたくなり、音探しに船内を神経質に、何かにとりつかれたように動き回る老人二人。会話も途絶え、ただ黙々と動きまわる。なかなかホラーな光景であった。

前方には、大きな水の塊が上下するだけで、船は進んでいるように見えない。後方の白い航跡を見て、進んでいることを確認して安心する……こんな感じの毎日だった。健ちゃんとはまるで会話がかみ合わない。質問しても返事は一緒、「うん僕わかんない」。ただ燃料確認作業の時だけは、毎回決死の覚悟でエンジンルームに入らなければいけないため、その時だけは正気の健ちゃんに戻った。

6月11日、この日も曇り。なかなか晴れない。6時45分、あと866海里のところまで来たが、まだ半分も来ていない。

問題発生。コンコンと船底を叩くような音が絶えずするようになった。幻聴ではなかった。スタビライザーから聞こえている。どうなっているのか、どこに不具合があるのかわからない状況では修理はできない。何とかハワイまで壊れないでほしいと願うしかなかった。燃料残量は左舷側タンクに365ガロン、右舷側に425ガロン、合計790ガロンだ。

キールクーラーの水漏れがあり、ビルジが増えていた。右側スタビライザーの水漏れは多くなっていた。修理の必要な個所がだんだん増えてくる。

6月12日7時、外はまだ暗い。夜が明けるのが遅い。サンフランシスコを出てから無寄港で1000海里、213時間走っていた。平均船速は4・69ノットと、少しずつ改善していた。

ここから、しばらくエンジン回転数を1500回転に上げ、燃料消費量を1時間当たり2・5ガロンで走ることにする。計算上では燃料は後550ガロン必要となるが、追い風が続くので問題ないと判断した。今後、残りの距離と必要な航行時間は毎日計算して、一日の平均船速6ノット以上かどうかを確認することにした。

健ちゃんは、ここに来て少し落ち着いてきた。帰ろうにも、もう帰れないし。これからの楽しいことをたくさん考えながら旅していこうよ。日本までの航海は始まったばかり。これからが長いのだから。

持ってきた映画のビデオは1本を3回ずつ見てしまった。僕たちは今回の計画に目先のことばかり気にかけていたため、船の中で長い時間を過ごすために必要なものを持ち込んでいなかった。本やビデオなどほとんどなく、限られた音楽CDと数本の映画ビデオしかなくあっという間に見尽くしてしまい、後は同じものを何回も繰り返し見ていた。僕たちはただの間抜けな黄昏老人です。もっとたくさん持って来ればよかった。することがないというか、何かできる状態ではないというのが実情。暇、ヒマ、ひま〜。

船の走りは少し改善してきた。あと8日ぐらいで、ホノルルかな。距離で半分。残り日数では、半分を切った。この調子なら我慢できそうだ。昼間は少し雲が切れ、青い空が少しだけ顔出すが、夕方になると厚い雲がびっしり出てきて薄暗くなる。その薄ら寒い景色が健ちゃんも僕も嫌いだった。

サンフランシスコを出てから海が穏やかだった日は一日もなかった。毎日波高2メートル以上の波の中を走っていた。当然、僕たちの「海音」はあちこちからカタカタ、ゴトゴト、ドスドスと、いろいろな音が聞こえてくる。あれこれ想像するととても不安になり、落ち着かなかったが、時間をかけて一つずつ調べて、嫌な音の原因が船の不具合でないことを確認しながら毎日を過ごしていた。

航海中、これらの音に悩まされた。スクリューに物が絡まっているんじゃないか？　ラダーに何かが当たり損傷したのかも、スタビライザーが故障したのではないか？　こういったトラブルはこの海域では致命傷で、これらを放置すると遭難は必至。何しろ陸から1000海里、1800キロ離れているのだから。生きている間に救助してもらうのは期待できない。ＶＨＦ無線ももちろん届くはずもなく、ここから連絡できるのは衛星電話（イリジウム携帯電話）だけだった。

ここにきて燃料について僕たち二人に考え方の行き違いが起こった。僕は、残りの燃料の量は、あくまでも現在燃料タンクにある実燃料を重視して確認したいと考えていた。ところが健ちゃんは、パソコン上で計算した消費燃料を基本にしたい、満タン920ガロン（3400リットル）から消費した燃料を引き算した燃料を残燃料とする考えだ。どちらのやり方が正しいか別として、この件については僕の意見に従ってもらい、2時間毎にエンジンルームにある燃料ゲージで直接燃料を確認して報告してもらうことにした。二人ともやろうとしていることは同じなんだけど、答えの出し方にそれぞれのこだわりがあるのだ。

とはいえ、僕の提案した方法は実は簡単ではない。船速が落ちた時はエンジンの回転数を上げるかどうかが悩ましい。そんな時は、頻繁に健ちゃんがエンジンルームに入って、燃料ゲージを確認してくれるのだが、狭くて暑い（熱い）、おまけにエンジンの回転音が響きわたる劣悪な空間で、船が大きく揺れてゲージグラスの油面は上下してしまうなかで正確な位置を見極めるのだから、想像を絶する難作業であった。

僕はというと、静かな操船室で一人エンジンモニター上に表示される時間当たりの燃料消費量を細かくメモを取って、消費した燃料と距離、到着までの時間を割り出す計算に集中する。一方で、時間当たり2ガロン（7リットル）以下の燃料消費量を死守するため、微妙なエンジンコントロールを続けていた。

夕方になると毎日風が上がり、海の機嫌が悪くなる。厚い雲に覆われた空をながめていると、ふと、苦労をかけ通しの妻のことを考えている自分がいた。彼女には苦労かけどおしだ。僕はいつも全力で仕事をしてきたが、夫婦一緒に会社で仕事をしていたため、彼女には激しく怒ることが多かった。そんなことで退職後、妻は大きなストレスを溜めていたようだ。私生活では、僕はよほどのことでない限り怒ることはなかったと思っていたのだが、それは僕の勝手な言い分で、思い込みと言われてもしょうがないとも感じていた。妻には生活を楽しんでほしいと思っている勝手な船乗りがいる。

6月14日6時のワッチ交代。前夜から最高30ノットを超える台風並みの強風が吹いていた。交代時の引き継ぎもやりにくい。朝方になって、少し収まってきていた。なんで夜荒れるかな。

ハワイまでの残りの航程が、やっと1000海里を切り、残り950海里となっていた。あと6日で着くはず。毎日、日付が変わるのが待ち遠しかった。

水が使えない!

北東寄りの風が30ノットを超えた日、この日は朝から電気髭剃りでスキンヘッドに挑戦した。ちょっとだけヒリヒリするが綺麗になった。

長い航海に出ると、髭ボウボウ、頭ボサボサ、身体はアカだらけ、と、いかにも大変な航海であったことをアピールするような風体で船を降りる人が多いようで、そういう格好が自分と船に似合うと思っている人も多いみたいだが、船を買いに行ったアメリカ・アナコルテスのハーバーでは、ヨットやボートのオーナーたちは皆、こざっぱりした服装の人が多く、いかにも長い航海をしてるよ、といったことはまったくうかがわせないそのスマートな立ち振る舞いに僕は感心したものだった。

今回の航海では僕もそのさりげない振る舞いを見習い、実践することにしたいと思っていた。何も特別なことではない。毎日髭を剃り、爪も手入れし、歯も磨く。三度の食事は必ず摂る、靴は必ず履く、むやみにサングラスはかけない、などなどを心掛けた。マ、着ているものはユニクロだったが、航海の厳しさをむさ苦しい格好では表現しないことにしていた。

まだハワイまでは東京〜小笠原間往復の距離を残していた。風は東になり15ノットで右舷後方から「海音」を押してくれるようになった。燃料を節約するにはいい風だ。

6月13日17時、この日、朝から突然、清水が使えなくなった。清水タンクはほぼ満タンでポンプが動いているのに水が出ない。この船はトイレ、シャワーは積んである清水を使うシステム（配管）になっていた。配管のどこかで不具合が出てエアーを噛んでいるのかもしれなかった。

「海音」のシャワールーム。基本、水はふんだんに使えた

翌6月14日、この日から飲み水の制限をすることにする。1人1日ペットボトルを2本に制限することにして食事も各自クラッカーやクッキーなど水を使わないものを食べることにした。順調に行けばホノルルまであと7日間だから1日4本で28本で足りる計算。手持ちが50本だから何とかなりそうだ

ったが、トイレが使えないのが非常に困った。何とか出水システムを修理しないといけない。明るくなったら原因を探してみることにする。飲料水はミネラルウォーターをたくさん積んでいるので心配はなかった。眠っていると、いろいろな夢を見るけど、起きると何にも憶えてない。少し疲れ気味かな？

6月14日15時、まず、清水タンクのゲージガラスを取り外し、直接バケツに水をリードできるか試してみたが、上手くできず、他の方法を探すことに。このままでは水の心配が現実味を増してくる。燃料のことで頭がいっぱいだったが、ここに来て思わぬ問題を抱えてしまった。とりあえず飲み水優先で対応する。問題は食事だった、いつまでも水を使わない食事は続かないだろう。策を講じなければ。ペットボトルが50本あることが救いか。暗くなりがちな気分を変えるため、久しぶりに健ちゃんがパンを焼いてくれた。

6月15日11時、朝から造水機の試運転をした。ジェネレータ・オン、造水機スイッチ・オン、少し燃料を食うけどしかたない。海水を真水にできていることは確認できたが、まだこの水を使うことはできない。配管上で不具合があり蛇口まで水が来ていない。確実に清水タンクには水があるのだが水が出ない。もう一つ深刻な問題があった。右側スタビライザーからの水漏れが拡大していた。今までは水滴だった水漏れが小さな水流になって流れ出していた。ハワイまで持つといいが、想定外の問題が次々起こる。それが船旅のあるあるというものか。

ビーム（船幅）の広いこの船には横揺れを抑えるスタビライザーは絶対必要なのだが、やむを得ず少しだけお休みしてもらうことにした。波が大きくなったらすぐスイッチを入れられるよう準備して走る。

やはりスタビライザーが機能しないとローリングが激しい。抵抗にもなるし、これ以上大きな波では船が危険な状態になるかもしれない。この油圧スタビライザーはかなり効果がある優れものだが、故障すると逆に凶器にもなる。

6月15日の出来事

サポートしてくれている気象コンサルタントの馬場さんに健ちゃんが送ったメール「水がないから早くハワイに到着させてください」だって。もうそんなメールはだめだよ、と注意したら「冗談で打ったメールだ」という。神経質な船長としては、冗談とはいえ窮地での弱音は吐きたくない。メールを受けた先方もビックリしたことだろう。

メール管理について健ちゃんと話し合った。原則、通信は自由にしていいが、二人で内容を確認してから適切な内容をメールしようということになった。

この日は比較的穏やかな一日だった。明日も続けばいいのに。良い天気でありますように。

日付が変わり6月16日1時、月明かりで海面が少し見えていた。残り距離705海里、このままで走れれば、あと5日ぐらいで到着できる。30分後、空は再び厚い雲に覆われ、あたりは真っ暗闇になった。8時、ようやく空が明るくなった。夜はフリースの上着が手放せないほど冷えた。特に明け方過ぎが冷え込んだ。北緯24度（ちょうど硫黄島くらい）まで南下しているのに、気温は思ったほど上がらない。

大場くんはワイルド健ちゃんに戻っていた。身体が慣れ、覚悟もできてきたからかな。船尾からお尻を出して、直接海に大便を出せるようになっていた。環境保護を心がけている潔癖な健ちゃん、生ごみさえ海に捨てることはしなかったのに。トイレが使えない今、ワイルドにならざるを得ないのだろう。

燃料の件で相当神経質になっていたが、ここに来て計算上はホノルルまでは届くことが確認できた。ダイヤモンドヘッドのランドホールができるのは6月20日になる予定。

この日も比較的穏やかな海が続いていた。昼間はスタビライザーを止めて走ることにしていた。水漏れが拡大しないためだが、乗り心地が非常に悪くなり、身体には辛い。

お米を海水で洗い炊いてみた、塩がきいてけっこういけた。水が使えない状況で何を我慢するのか、自分を試すチャンスだと思い、状況を楽しむことにした。海水ご飯も貴重な体験となった。

前方に島があると信じて走っていたが、想定した海域に到着したら何もない海の真ん中だったらえらいこっちゃ。GPSを信じて走っているけど、そんなアホなこと考えていると落ち着かない気分になる。これから残り距離が長く感じ始める頃合いだった。数分おきにGPSを見て、あと何時間、あと何日、燃料は何ガロンと、画面を見て気を紛らすしかない。

73歳の抵抗

人はお金はいくらあっても満ち足りた気持ちにならないばかりか、もっと多くほしくなるものだと思う。お金だけでは心の隙間は埋めることができないものだ。また、小金を溜め込む苦労より、賢く使うことのほうが難しい。

自宅では快適に何の不自由もなく過ごせるのに、なぜ僕は、とてつもない厳しい大洋航海に出たんだろう？　今どき、チケットさえ買えば世界中、いや宇宙までも快適に連れて行ってくれる時代なのに、何を尖がって……と思う。何でも自分でやってみないと気が済まないへそ曲がりなのは自覚しているが、いつも快適な観客席で楽しむ人生はつまらない。時にはグラウンドに立ち、自ら汗してプレーする緊張感も素晴らしいのではないか。音楽が大好きだという人がみんな楽器を弾いたり吹いたりするわけではない。スポーツ大好き阪神大好きでも野球はしないし、ゴルフもしない、ジョギングさえしない人だって多くいる中で、僕は、60歳になったら、やりたいことは何でもやってみたいと考えていた。

お金もほどほど使い、少しの緊張感と非日常を味わおうと思った。60歳の手習いを実践して、生きている証を示せたら、それが最高の人生だと思う。この歳になって初心者になるのはシャクなことだけど、孫に銭残すだけのしょぼい老人にはなりたくなかった。

燃料が足らない!?

6月17日1時、突然、健ちゃんが「燃料が足らない」と言い出した。計算していたより実際に使った燃料が想定より多いので、燃料が足らなくなる。ガス欠で、このままではハワイに届かないと、慌てだした。

残すところ、あと５６３海里。最低でも燃料は２００ガロン必要だ。最大の問題は燃料をどのように持たすかだ。計算上、船速と燃料消費量は比例しているのだが、速度を落として時間当たりの燃料消費を１・６ガロンにした場合と、船速を6ノットに上げて燃料消費を2・5ガロンとした場合を比べると、到着時のトータル燃料はほぼ同じという結果が出ていたので、燃料の節約はできない！　問題は、オアフ島に行くのにどれだけの燃料を必要とするかだった。その量が現在タンクに残っているかどうかも大きな問題だ。

こんな状況下、健ちゃんは、「前日に燃料を使い過ぎたから、もう燃料が持たない」と言う。

6月17日7時、外はまだ真っ暗で何も見えない。この時点で１７１１海里走破し、残りは５００海里となっていた。燃料が持つならあと3日で着くが、かなり厳しい距離であるのは確かだった。

まずタンクに残っている燃料を正確に調べなければ！　燃料タンクのゲージメモリは最低表示目盛りが55ガロンだが、実際に目で確認できる目盛りは75ガロンまでで、それ以下は船が揺れている間は計測ができない。こういう船はたぶん燃料残量75ガロン以下で走ることを想定していないようだった。

健ちゃんはここにきて燃料残量の確認に自信が持てなくなってきていた。揺れる船の燃料ゲージの確認は１００ガロン前後はとても難しく、燃料ぎりぎりで走る僕たちだったが、現在の燃料を確認することは非常にきつい仕事になる。左右タンク燃料が１５０ガロン以下になることは左右の燃料ゲージが75ガロンということになり、目で確認できる最低限度の燃料の最後の確認になる。後は計算上で減っていく燃料を予測するしかない。彼にとっても、もちろん僕にとっても、恐ろしい時間となる。

燃料に対する考え

燃料は積み込んだ量がわかっているため、使った量を引けばタンク内にある燃料はすぐ確認できるのだが、燃料タンクからエンジンまで複雑な配管でつながっている船の場合、接続されている箇所も数十カ所もあり、配管接手のゆるみ、バルブの不具合など、いつも完璧とは言い切れない。

現にハワイで出会った船の場合、中国から回航中、燃料タンクの不具合で軽油が漏れ出し、船底に数百リッター流れ出す事故を起こしていた。僕たちのように2時間おきに確認していれば、もう少し早く発見できて大事に至らなかったと思うのだが。彼らも、まさか新艇で購入した船の燃料タンクが漏れるなんて考えもしなかったのではないだろうか。想定外と言えばそれだけのことだが、海の上ではそれだけですまないこともある。

僕たちの「海音」も燃料ホースや接手やバルブなど不具合が出ることもある。つまり、タンク内の燃料量が必ず保証されているものではないのである。この船は引き返すことができない。ハワイまで走らすためには、絶えずハワイまでの最短距離、現在使える燃料を割り出し、過去は捨て、これから走る距離と残っている燃料に注意を集中する。現在位置がいつも出発地点と考え、この時点でハワイに届く条件を満たしているかどうかの一点に絞り、計算をする。

最短距離は海図に定規で真っすぐ線を引けばすぐに答えが出るのだが、現実は簡単ではない。流れや波そして風の影響を受けるので、船は真っすぐ定規で引いたようなコースを走ることはできない。到着地点までの距離は一定ではなく変動する。サンフランシスコからハワイ・オアフ島まで最短距離は約2000海里（約3600キロ）なのだが、オアフ島に向かった僕たちは少しずつ南に流され、想定していたオアフ島までの距離が出発時考えていたより長くなってしまっていた。

ハワイまでの航海では、僕は燃料の残りが200ガロンになってからが勝負だと思っていた。「海音」は低気圧を避け走っている間に南にかなり流され、想定していたより200海里ほどオアフ島までの距離が長くなっている現在位置からならば、ハワイ島に進路変更すれば約100海里短縮でき、走り切ることはできそうだった。

この時点で僕たちは急遽、ハワイ島に目的地を変更することにした。すでに想定していた距離を10％以上オーバーしていた「海音」には迷っている暇はなかった。安全優先、オアフ島はあきらめハワイ島に舵を切った。「お面を作る時には鼻は大きめ目は小さめに」と諭す言葉があるが、何事も修正可能なやり方をすべきという意味。お面も航海も同じだ。

6月17日10時、目的地をハワイ島ヒロに変更。現在位置からヒロ港まで直線距離で412海里、約3日間の航程だった。燃料は165ガロン必要になる。

タンク内の燃料残量は、僕の計算では左右タンク合計で230ガロン残っているはずだから、うまく走れば到達できるはず。が、あくまでも僕の計算上のこと。実際にどれだけ燃料が使えるか不明で、かなり際どいハワイへのアプローチとなった。16時の横浜の馬場さんへ定時連絡でハワイ島ヒロ港に目的地を変更した旨の連絡を入れた。

その後、健ちゃんに最悪の場合に備え、心の準備をするよう伝えた。私物整理をして、貴重品は別に持つ。ライフジャケットと自分の水を確保、コースガードへのＶＨＦ無線連絡の準備、これで連絡が取れない時は馬場さんに連絡を入れることを確認し、衛星電話も持った。これでもまだ甘いかな？ヒロならホノルルより１００海里ほど近くなるので大丈夫。燃料は持つと思っていたが、いざという時にパニックにならないよう、健ちゃんにも燃料切れを想定した準備をしてもらった。きつい時ほど、スマートに行動したい。

6月18日3時、ワッチ交代、僕のワッチに代わる。彼は爆睡中だった。おいおい、ワッチ中は寝ないでほしい。

夜の操船は難しくはないが、何も見えない闇の中に一人でいると強く孤独を感じる。波は大きく砕けた白波が航海灯の光の中で踊っている。風はいつも海の上でヒューヒューと泣き、僕たちはほとんど操船室にいるため、その風を肌で感じることはなく、風を恐怖に感じることが意外と少なかった。

ハワイ島ヒロ入港

6月19日8時、残すところあと1日、明日の午前中に到着できる予定。

あまり物が食えない。食欲がまったくない。これでは体力が持たない。頑張ってとにかく食べるようにする。

ヒロに着いたら清水ポンプの修理。そして一度海に潜って船底の状態を見るつもりだ。スタビライザーの損傷確認と、船底に何か引っ掛かっているようなので、それを取り除く。

6月19日11時、サンフランシスコから2000海里以上走破。よく走ったものだ。今夜一晩頑張ればハワイ島に到着できる。17日間、よく耐えた。偉いと自分を褒めたいが、身体もエライ。体力は落ちたけど、少しダイエットができた。

あと1日となってからが、やたら長く感じた。17日間400時間以上走っているのになぜ十数時間が待てないのか？　燃料パニックはどうしたんや。安全第一、やるべきことは決まればやり通すだけだ。すでに燃料タンクのゲージは55ガロンのゲージメモリを下回り目視できない状態。緊張する時間だ。

ランチはご飯を炊いてハムを焼き、納豆をご飯にかけて食べた。体力付けないと、到着まで身体が持たない。あと2回食事を作れば到着だ、と思うと元気が出た。結局、航海中シャワーは数回しただけで、下着交換もしない着た切りスズメの不潔な老人になっていた。

健ちゃんは精神的にかなり疲れていた。ボーッとしている時間が多くなっていた。厳しい状況に置かれると、「何とか乗り切らないと」という気持ちより先に「こんなはずではなかった」と考えてしまい、気持ちが萎えてしまっているように思えた。たぶん僕も同じように彼の目に映っていたのではないかと思う。

でも「どんなことがあっても、この船を日本に持って帰らないといけない」という強い目的意識と責任があったことは確かで、二人元気に日本に帰るという強い気持ちは持ち続けていた。これからまだまだ長い航海がある。まだまだ鬼船長で頑張らないといけない。

ハワイ島・ヒロ湾に到着

気がつくと「海音」の左後方にコーストガードの船が付かず離れずに並走するようになっていた。これで万が一燃料が切れても、無線で助けを呼ぶことができる。ラッキー！

6月20日ホノルル時間午前6時、とうとうハワイ島が目の前に見えてきた。あと3時間ほどでヒロに入港できる。本当によかった！　不可能と言われた小型モータークルーザーでのサンフランシスコからハワイまでの無寄港航海に初めて成功したのだ。感無量。

ヒロは意外に気温が低く、少し肌寒く感じる風が吹いていた。陸地を見たら健ちゃんも少しは元気が出るかなと思っていたが、健ちゃんは疲れ果てて元気がなかった。燃料の確認作業で精魂使い果たしたか。気合を入れ直さないとこれからが大変だ。まだ太平洋に一歩踏み出したところ、これからが勝負なのに……常々「カメラ持てばどんな状況でも耐えられる」

と言っていたが、彼のカメラマン魂はこの時はちょっとお休みしていたようだ。

前方には真っ黒な雲が厚く垂れ込め、ヒロの天気は悪かった。こんなに苦労してきたのに、想定外のあっけない入港となった。コーストガードは僕たちが無事入港したのを見届けると、いつの間にか姿を消していた。

ヒロ港には小型船を係留する岸壁はなく、港の中でアンカーを打ち海上係留するようになっていた。健ちゃんは意外に律儀で潔癖症である。燃料給油のため岸壁に着けると怒られないか、許可が必要ではないかなど、あれこれ悩んでいた。でも僕たちは給油しなければ一歩も前に進むことができないので、最優先は給油であった。僕にとっては、怒られるとか、許可はどうでもいいことだった。一時係留がダメならそこで係留できるところを聞けばいい、ウロウロするより早く船を係留してしまうことがやるべきことだった。

大型船の埠頭にとりあえず着岸。すぐに従業員とハーバーマスターが来て僕たちの給油の手配をしてくれ、税関にも連絡してくれて手続きを終えた。税関も親切で、次に寄港するホノルルで提示するだけよいという書類を作成してくれた。入国税はしっかり取られたが、気持ちのいい対応だった。

通関手続きが終わると、燃料給油のために業者が待ってくれていて、車でランチを買いにマーケットまで連れて行ってくれた。その後、「海音」は岸壁に係留できないためアンカリング場所に移動した。給油は翌日8時に岸壁で入れることになった。

翌日、８００ガロン給油した。タンクに８００ガロン入れれば満タンになる予定だったが満タンにならなかった！　計算では120ガロン残っているはずだったが、実際は60ガロンしかなかったことになる！　燃料消費はほぼ予想通りだったが振り返ってみると本当に際どい航海だった。

燃料代は税金込みで3318・77ドル。高い。ちなみにJCBカードは使えず、日本にいた時に娘と共同で車への給油に使っていたガソリンカードがVISAだったので、これを使って支払った。

明日給油が終わればホノルルに向かう。2日の航程だ、引き続き頑張らなければいけない。スタビライザーの音が気になっていた。ホノルルで再確認しよう。

ホノルル、ハワイヨットクラブ

2013年6月21日ハワイ島ヒロ港での給油を終えた「海音」は、オアフ島ホノルルを目指して出航。航程は207海里、32時間を予定している。風は強く30ノットで吹いていた。波も横から波高4メートルとなり船が大きくローリングした。ブローチングの危険を避けるため後ろから波を受けないよう船首を少し西に向けて走ることにした。いい位置まで走った後、真北に転進し、ホノルルにアプローチ。前方に夢にまで見たオアフ島ダイヤモンドヘッドが見え、高くそびえるビルを目前にすると、小型ボートでよくここまで来ることができたなあ、と感慨深かった。

6月22日午後、ホノルルのハワイヨットクラブに無事入港。入口の水路が狭いため、緊張した入港だった。

実は僕たちはハワイまでの航海において、計器、特にオートパイロットとGPSを充分使いこなせていなかった。本来、オートパイロットはGPSを連動させて使い、地点登録（緯度経度）をしておけば自動的に目的地まで走ってくれるのだが、GPSの取説が英語版だったため充分に理解できずに、安易にハワイまで直線進路でコースを設定して走ってしまった。しかし水線長が短くビームの広いこの船は、太平洋の大きなうねりや波に進路を阻まれ左右に大きく蛇行することになり、理想の進路が保つことができなかった。その結果、絶えず進路を調整する作業に追われることになり、僕たちは神経をすり減らすという間抜けな操船をすることになってしまった。

少し油断すると船首はあらぬ方向に向きを変え、方向を元に戻すのも簡単ではない。太平洋のど真ん中では目印になるものがなく、絶えず方位磁石とGPSを頼りに針路修正をするのだが、計器の反応スピードが追い付かず、なかなか思う方向を定めるのが難しかった。オートパイロットを針路設定しても、すぐずれてしまう、普通なら少しぐらいずれても、ゆっくり元に戻せばいいようなものだが、燃料も距離も無駄にしたくない「海音」の場合、そんなのんびりしたことは言ってはいられなかった。これからの航海を考えると、GPSとオートパイロットを連動させ、地点登録して走ることが必要だった。

健ちゃんはホノルル滞在中に、苦手な英語版のGPSの取説を辞書とにらめっこしつつ読み直し、何とかGPSに地点登録して使えるようにしてくれた。僕は、初歩的なことをハワイまでやってこなかったアホ船長であったことを自覚した。

パソコンとアイパットで進路上の地図を拡大して浅瀬や岩礁を確認しながら航行できる地点を点で結

び、緯度経度を紙に書き出し、何度も確認した後、入念にGPSの画面に入力するこの作業は、とても大事だ。入力する数字を間違えると即座礁する危険がある。

修理に追われたハワイ滞在

マリーナには到着したが、時間外の土曜日だったためクラブの責任者は不在。週初めの月曜日に改めて手続きすることにしたが、それまでマリーナの外には出ることができない。

6月23日、日曜日、朝からビルジポンプの取り外し作業を行った。こういう時、健ちゃんは力を発揮する。ポンプを分解してくれたけど、悪いところは見つからず、後日、プロのメカニックにもう一度ポンプの点検依頼をすることにした。

インターネット接続のためWiFiが飛んでいるクラブ事務所に行くと、ラッキーなことに女性の職員がいて、仮の手続きでクラブハウスに出入りできる（外に出ることができる）カードを発行してくれた。すでに船には食べるものがなく困っているところだったので助かった。早速、健ちゃんと市街地に出て18ドルのランチ。

19時からはヨットクラブのチャリティーディナーが始まった。参加費25ドルの「ステーキパーティー」だ。なんでも、クラブハウスの屋根を修理するための資金集めが目的だそうだ。アメリカ人はなかなか面白いことをやる。

僕はクラブハウスのバーで水割りを飲みながら、船の修理ができる業者の情報を教えてもらった。情報を得た僕たちは船に帰り、マーケットで買ってきた弁当で夕食にした。僕は、健ちゃんに愚痴をダラダラ言いながらビールを飲んで寝た。健ちゃんは文句も言わずに僕の愚痴をじっと聞いてくれた。彼の我慢強さに感謝。

6月24日月曜日、快晴。9時30分まで待って、昨日バーで紹介してもらった修理業者に連絡した。すぐにハル・レインウォーターという水まわりに強そうな名前の男が来てくれた。「海音」の状況を説明すると、やはり船を上架して詳細に点検する必要があるということで、修理工場のクレーンの使用予約をしてもらった。右側のスタビライザーは明らかに異常な動きをしていた。すぐにメーカーに電話してもらい、部品の手配をする、ポンプも一緒に預け、修理を依頼した。

ちょっと大掛かりな修理になりそうな気配だった。同時に少し費用が心配になった。さらに僕たちのビザではアメリカ滞在期間は7月20日までとなっていて、修理日程も気にかかった。ハワイ時間はスローに流れ、せかせかしないのがいいところだ。また僕たちの場合はハワイ（アメリカ）出国時にはビザが要ると注意されていたが、確かな情報ではなく気にかかるところであった。

前夜、インターネットでニュースキャスターの辛坊治郎さんがヨットでの太平洋横断中にクジラと衝突し、乗っていた船が浸水沈没したことを知り、不覚にも僕は健ちゃんと口論をしてしまった。彼は「辛坊さんは運が悪かった」という言葉で始まったのだが、「運で済ませる問題じゃない」という気持ちが僕の語気を強くさせてしまった。

緊張がゆるんだせいか、僕の大人げない態度のせいで、その日はとうとう彼は船に戻らず、ハーバー事務所のロビーに一人いた。なんと愚かなのだろうか、僕は。健ちゃん、申し訳ない。一言の愚痴もこぼさずここまで一緒に来た健ちゃんに感謝こそすれ、口論を吹っ掛けたことを大いに反省した。アルコールの仕業とはいえ、これでは船長失格だ。

でも、運がどうのというのは、他人事だから言えることで、自分のことならそれでは済まされないと感じていたのは事実だ。どんなことにも原因がある、その原因を取り除けば事故を未然に防ぐこともできるはず。「運」で済ませたくない。命がかかっている遊びだからこそ、それを自覚しなければいけないと思っている。

僕たちより先に寄港していたカナダのヨットは、毎日朝から日が暮れるまで船の修理ばかりしている。まだ修理する所があるのか、というくらい根気よく修理に励んでいる。見ていると、ほぼ全部の個所を自分たちの手で作業をしていた。それぐらいのスキルがないと外洋には出られないのだ。不具合個所を外洋に出るまでに納得するまで修理している。海に出ると、十分な修理は不可能だから、これも大事なシーマンシップのひとつだと実感した。

6月24日、健ちゃんが修理工場と陸揚げ現場を確認してくれた。クレーンの予約が一杯で、2週間以上先の7月12日の日程で予約を入れた。修理はそれから5日ぐらいかかるため修理完了は17日ごろになる。部品手配などの費用も気になり、急いで正式な見積もりを依頼した。

夕方、船の売り主であるフランクとメールで修理が必要なスタビライザーについて部品の確認をした。

クラブハウスでパソコンに向かっていると、クラブのメンバーやスタッフが気軽に話しかけてくれるが、言葉の壁が高くてうまくコミュニケーションができない。英語が苦手な僕たちには、言語の問題は大きな壁になっていて、とてももどかしい思いをした。

この日は日本人のクラブメンバーがバーベキューに招待してくれた。久しぶりの水割りで気分よく話が弾んだ。陽気なラリーは由美子さんの友達、昼間からビールを飲み続ける愉快なアメリカン。由美子さんの恋人かな？　今回の修理を依頼するハル・レインウオーターもいた。日本では味わえない雰囲気で楽しい時間を過ごし、溜まったストレスが少し軽くなった気がした。

健ちゃんは、税関で「アメリカ滞在ビザがないとハワイから出国できない」と言われたことを気にしてパニックっていたが、僕は入国してしまっているのだから「海音」は出国するのに、わざわざビザは要らないと大らかに考えていた。

健ちゃんが気にしていたのは、滞在ビザではなく、B2ビザの問題だった。これは、アメリカに行く前に健ちゃんから必要だと言われていたが、僕は、時間もかかるしESTAだけで行くと決めていた。ESTAはビザ免除プログラムの一つで簡易版。有効なのは、アメリカ政府に登録されている船舶や航空機を利用する場合のみで、今回のように個人のボートでの出入国には対応していなかった。

僕たちはB2ビザを持っていないので、一度アメリカを出国するとアメリカへの再入国はできないと、健ちゃんはアナコルテスでは、はっきりと言われ、アメリカに戻る場合には、カナダでB 2ビザを取ってくるように言われていたようだった。でも、無知で言葉の不自由な僕たちは、そのまま出航したのだ。実際にカナダでは入国スタンプを押してもらっていたので、既にアメリカを出国していることになっていた。サンフランシスコでは、カナダからではなくアメリカ・シアトルから来たということでそのままスルーしていた。

ハワイに行く時もそのまま同じアメリカ国内ということで何もせずに出航していたが、正式には、クルージングドキュメント（出港届け）が必要だったのだ。今回、僕たちはそのあたりのことを何も知らなかったので、ハワイのヒロで係官がクルージングドキュメントを作ってくれた。

この時に、健ちゃんが一番心配していたのは、係官がパスポートのカナダ入国のスタンプにもし気が付いたら、僕たちは不法入国者になり、日本に帰国した後、再び、アメリカには入国できなくなるかもしれないということだった。オアフに入港した時に、係官は、僕たちがＥＳＴＡでしかアメリカに入国していないので、もしもマジェロや日本に行ったら、必ずＢ２が必要になるから、取ってから戻るようにとアドバイスしてくれていた。

健ちゃんがビザにこだわったのは、ハワイから帰る途中にグアムやサイパンにも寄る可能性もあったので、どうしてもビザが心配になったようだ。ハワイの係官は、「海音」がワシントン船籍なので、必ずアメリカに再入国すると思い、それを前提で必要なことを教えてくれたようだった。僕たちが日本に行ったままとは思っていないだろう。

６月25日、９時30分起床、空は晴れている。

まずは修理にかかる日数と費用を確認。７月10日までに終わるよう交渉したが、返事待ち。この問題

ホノルル、バーバース・ポイント港口の修理ヤードで「海音」の修理は行われた

が一番重たい。修理の都合で滞在期間が長くなった場合、どうするか、ちょっと頭の痛い問題だったが、そんなに深刻には考えないことにした。ならぬことはなりもはん。一番にクリアしなければならない問題は、修理を10日までに完了させることだった。

船に食べるものが何もなくなったので、外食にする。アメリカンサイズのチーズバーガー1個を2人で半分こして、ビール2杯。美味かった。夜は21時に寝た。

6月26日、7時起床、今日も晴れ。修理の日程が決まった。交渉の結果、クレーン使用が翌27日に予約できた。パーツは28日入荷予定だから、土曜日だが29日から作業開始でお願いする。

この日、健ちゃんがパスポートを紛失してしまった。大使館まで再発行の手続きに行き、ダウンタウンまでタクシー25ドル。先に警察で紛失届けを出すように言われ、警察まで書類をもらいに行く。いろいろ時間がかかったので、翌日にもう一度領事館に申請書類を出しに行くことにした。健ちゃんにはビザの心配と共に大事なパスポートの心配もしてほしかった。

修理する場所はカラエロア空港隣にあるコオリナ・マリーナ横の工場で、市内から遠いためとても不便だった。健ちゃんのパスポートの申請もあり、明日から忙しくなりそうだ。焼きそばと缶ビールのささやかな夕食で一日が終わった。

6月27日、晴れ。この日は修理場所まで船を移動しなければならない。6時起床。7時30分、エンジン始動、航海計器チェック、陸電を外し、舫いを解く準備をして、メカニックの到着を待つ。修理が簡単にできるかどうか、ちょっと心配になった。

11時すぎに修理ヤードに到着、横風にあおられ岸壁に激突しそうになったが、どうにか着岸できた。まだまだ経験の浅いヘボ船長だ。

クレーンで船を吊り上げて船底を確認した後、バウの損傷、スタビライザーの傷と水漏れ不具合確認、キールクーラーの水漏れ修理など修理する個所の確認と、船底塗装の塗り直しなどが作業リストに挙がった。修理は翌日から始まる。

この日はメカニックのハルさん夫婦に、領事館でのパスポート申請から買い物まで一日車でお付き合いしてもらった。今回不測の修理であるが、長い航海でのストレスを一度リセットすることが叶い、災い転じて福となすじゃないが、これからの航海に気持ちの切り替えができ、余裕を持ってマーシャル諸島に迎かうことができる。

6月28日、晴れ、7時起床。8時からFRPが欠けた船首から修理が始まった。

スタビライザーの取り外しはなかなか大変な作業になった。お昼前に三人がかりで取り掛かり、右のフィンを外す作業に、思った以上に手間取ってしまった。やはり想像通りシールや軸受けなどほとんど部品が壊れていた。

出港時から心配していたキールクーラーの水漏れは、取り付け部の防水不良だったのでシール剤を充填して修理完了。ただ、スタビライザーの修理は部品の取り換えなどで少し時間がかかるようだ。

健ちゃんのパスポート紛失にはびっくりしたが、手続きして1週間で再発行できるとのこと。一安心。パスポート再発行で日本総領事館、ハワイ警察など、ホノルルを120％経験できた。

パスポートの紛失原因は、健ちゃんが出国時にビザが必要かどうかを日本総領事館まで確認に行った際、受付でパスポートを提示した後、紛失したようだった。ちなみにビザの件は領事館職員曰く「出ていくのにビザなど要らん。好きな時に出ていけ」だった。

6月28日火曜日、メカニックが部品を揃えて取り付けてくれる。僕たちはその待ち時間で船底掃除をすることにした。塗装のための必要材料を購入し、翌日から作業することにした。何か物理的な作業をする時の大場くんは頼もしく、さすがワイルド健ちゃんだった。

6月29日、晴れ。朝から僕たちは作業服に着替えてマスキングテープで船底のラインを保護し、サンディング。大きなボトムに手こずりながらの作業だったが、健ちゃんが手際よく進めてくれた。全身汗だくになって一日終了。この日は即席ラーメンと、パンだけの質素な食事だった。健ちゃんは本当によく頑張ってくれた。夕方ハワイで知り合った由美子さんの彼、ラリーがサンドイッチとビールの差し入れをしてくれた。買い物に出られない僕たちには地獄に仏だった。最高の贈り物をありがとう。

6月30日、晴れ、6時30分起床。この日からペイント作業を開始し、2日～3日で仕上げる予定。健ちゃんはローラー刷毛持って塗る気満々。

午前中で船底の大方は塗り終え、ペラクリンでスクリューを塗装する作業は翌日に残す。何とか格好が付いてほっとする。午後は昼寝タイムで体力温存。

夕方にはラリーが買い物に連れて行ってくれることになっていた。17時過ぎラリーが車で迎えにきてそのままドン・キホーテへ。パックご飯、ハヤシライス、フルーツ缶詰などを購入して１００ドルの出費。手元に残った現金は、あと１０００ドルになってしまった。今までハンバーガー、サンドイッチ、ピザなど、ほとんど毎日船内で食事することで節約してきたが、貧困生活がちょっと辛くなってきた。

７月１日、晴れ、６時起床。朝食は、３日前に買ったパンの残りにチーズを挟んで食べた。

ＦＲＰ修理の不具合が見つかり、朝からやり直してもらう。午後から僕たちも船底塗装の作業を再開した。

７月２日、火曜日、部品の入荷が遅れている。

７月３日、水曜日、晴れ、６時起床。サマータイムのせいか、平均してみんな作業開始時間が早い気がする、朝７時にはコンプレッサーが動いている。

しばらく美味いものを食べていない。即席麺、パックご飯に缶詰、パンとハム、バナナ。生きていくのに最低の食事だ。健ちゃんも不満だったろうが、貧困生活の原因が自分たちの準備不足と無知とわかっているだけに不満は言えない。彼は今回の航海で食事について愚痴を言ったことがない。サンフランシスコではマクドナルドのハンバーガーや、ピザ、サンドイッチも食べたのに、ここハワイではさらに厳しい倹約生活になっていたが、彼はすべてについて我慢強く耐えていた。

7月4日はアメリカの独立記念日だった。ラリーが車で迎えにきて、ハワイヨットクラブに連れて行ってくれた。クラブではバーベキュー大会が開催されていて、たくさんのクラブ員が楽しく食事していた。僕も健ちゃんも久しぶりに元気にはじけていた。

7月9日に健ちゃんのパスポートが再発行されるので、翌日10日にはホノルルを出航して次の給油地、マジュロに向かうつもりだった。約2週間の長い航海になるが、ここを乗り切ると後は少し楽になる。「海音」に関しては気になるところは全部直したし、あとは台風に遭わなければ、おおよそ50日後（8月末）ぐらいに日本まで帰ることができるはずだ。

これから走る海域は、波高が2・5メートルを超えることはほとんどなく、比較的穏やかなようだった。もちろん低気圧が発達した場合は例外で、海は大変な状況に変貌するので、天気予報を毎日確認して貿易風の状態にも注意して進路を決めることになる。

「海音」は元々8年間で1300時間走っている中古艇である。それでも、僕たちが見たところではよく管理できているボートだと思っていたのだが、キールクーラーやスタビライザーなどちょうど点検時期が来ていたのか、不具合があちこち出て修理点検が必要になった。とても優れた装置であるが、それだけ手入れも必要とされる。この優れものが故障すると凶器になり、とても危険だ。僕たちが走った3000海里を足すと走航距離は1万海里超えることになり、スタビライザーが故障してもおかしくない。本来は2年に一度点検が必要な個所だったが、これまで一度も点検していないようだった。

7月5日、晴れ、6時起床。この日の修理を終え、ヨッツトクラブに17時過ぎ帰り、7月9日までのヨットハーバの係留料他の支払いをクレジットカードで済ませた。11日間400ドル也、ホテルに泊まること思えば安い。

7月6日、晴れ、6時起床。ハワイは暑いイメージだけど、朝晩は涼しく冷房は必要なく、とても過ごしやすい。爽やかといっていい。

この日は食材の買い物に出ることにした。食生活は何か工夫しないといけないと思うのだが、日頃から料理なんてしたことない僕たち二人はどんな食材を買えばよいのかよくわからず、しかも食材は英語表示。よく間違ったものを買ってしまっていた。そうだソーメンがある。ツユもあるし頑張ってみるか、などと考えながら買い物に行く。

午前中に買い物と思っていたが、健ちゃんはひどい便秘でダウンしてしまった。相当つらいようだった。前日知り合ったばかりの池田さんという方が車で買い物に連れて行ってくれた。目当てのドン・キホーテまで行くと日本の食材が何でも揃っていた。マジュロに向けての出航までもう少し買い足さないといけない……買う食材がわからないのは、けっこうつらい経験であった。

アナコルテスを出てここまで3000海里を走ったが、まだ始まったばかり。今回の回航では多分9000海里は走るだろう。4カ月で走るには気の遠くなる距離だ。前のオーナーが5年かけて走った距離を僕たちは4カ月で走り切ることになる。

太平洋の真ん中を全長12メートルの小さなモーターボートで走った人はたぶんいないと思う。日本はもちろん世界でも例がない。風で走るセーリングヨット以外ではできないというのが世界の常識、海の常識と、誰もが信じて疑っていない。成功したらちょっとだけ自分に拍手したい気持ちである。トラブルを不運と言えばそれまでだが、不運を招くのは計画、我慢強さ、情報など何処かの隙間から運が漏れて事故につながる。口で言うほど現実は甘くないが、その厳しさに耐えてこそできることだと思う。

ハワイでは、会う人皆から「このボートは走って来たのではなく漂着したんだろ」と、からかわれる。このサイズのモーターボートでハワイに来た人がいないためだが、噂を聞いた人がけっこう「海音」を見に来る。「やっぱり小さいね、よく来られたな」が皆の決まり文句だった。

7月7日、6時起床。健ちゃんがマーシャル諸島とミクロネシアに入国手続きのためのメールを送った。結論から言うと、このメールは届いていなかった……。

7月8日、月曜日、6時起床、この日も天気がいい。

前夜、健ちゃんは機嫌が悪く、朝帰り。出航日が近づくにつれ、彼はナーバスになっているようだった。限られた燃料、そして食材も充分ではなく、空いた時間を過ごすための音楽CDやビデオ、雑誌など、準備できていないものがたくさんあった。行く先々の美味しい食べ物も食することもなく、出発前に想像していたワクワクするような期待の代わりに胸を締め付けられる緊張感だけが二人にのしかかっていた。

予想と現実は大違いだった。ハワイまで航海はそれなりの覚悟はしていたが、太平洋の荒波の恐ろしい洗礼を受けた僕たちは完全に打ちのめされ、恐怖感だけが深く心に刻まれていた。次のマーシャル諸島マジュロまでの航程も、サンフランシスコ〜ハワイに次ぐ長い航海になる。油断はできなかった。

健ちゃんが前日、「お茶や料理に使う水はミネラルウォーターでないと便秘になる」と言いだした。僕は「直接口にする飲み水以外は静水タンクの水を使いたい」と考えていたが、彼はどうしてもタンクの水は使いたくないと言い張った。もちろん健康には最大限の配慮は必要だが、この状況で航海中に船の清水タンクの水を使わないのは合理的ではないことは、健ちゃんもよく理解しているはずだった。僕はここにきて水の使い方にこだわる彼の気持ちが理解しきれなかった。

僕は最悪の事態を考えてペットボトルの水は節約して使い、料理やお茶、スープなどに水が必要な時は静水タンクの水を必ず加熱して使い、ペットボトルの水は直接飲むだけにしたかったのだが、健ちゃんは納得せず、「自分のお金で水を買い、積み込む」とまで言い出した。

便秘が辛いこともわかっていたが、それだけ不満が溜まり何かを主張したくなったのだろうと、僕が折れ、８００リットルも積んである水を使わず、わざわざミネラルウォーターですべて賄うのは合理的ではないが、今回はミネラルウォーターを中心に考えることにした。

ハワイヨットクラブから約1時間の所にあるケイヒンまでハワイで最後の給油に行き、ここで２００ガロン追加給油して燃料タンクを満タンにした。これでマジュロに向かう準備が整った。燃料一滴も無駄にしない覚悟をして出発準備を終えた。

第3章

ハワイ〜マジュロ

準備完了

7月9日、7時起床、晴れ、いよいよ出航の日が来た。

今日も朝からディンギーに乗る小学生の子供たちが、先生の指導を受けながら狭いマリーナの水面をスイスイと走っている。この風景は日本では見ることができない。海洋大国日本なんて言うが、この風景を見る限り日本は海洋後進国だ。風はけっこう吹いていたが、皆気持ち良さそうに黄色い声をあげて楽しんでいる。

何度転覆しても教官や監視員たちは見ているだけで手は出さない。子供が自分でセンターボードに足を掛けてヨットを起こすのを見ているだけ。まだ小学生ぐらいの子供たちだが実に伸び伸び遊んでいる。欧米人に船の操船が上手い人が多いのは、普段から水やボートと接触することが多いからだと思う。アナコルテスでも50フィート以上の船をフェンダー1個分の隙間を確保しながら、バックでゆっくりバースに入れてくる人を多く見た。みんな、思わず拍手してしまうほど上手かった。

前夜、隣の船のオーナーと話す機会があった。彼は中国で作った鋼鉄製トローラタイプの50フィートモーターセーラーで、僕たちと反対ルートでマジュロからハワイに来たという。これ幸いと、健ちゃんがマジュロやポンペイ（ポナペ）の詳細な情報を聞いてくれた。オーナーは、特にポンペイが最高と言っていた。マジュロとポナペの資料をたくさんもらった。もちろん英語版だが、日本では入手できない情報も英語が読めれば世界中の情報が手に入る。世界の海に乗り出すためには最低条件として英語は必要だと実感した。

彼の船は2000ガロン以上燃料を積むことができるので、距離や燃料の心配はいらないようだった。これだけ大きく頑丈な船でも、ポンプの故障、燃料タンクのパッキン不良、などで燃料漏れを起こし、修理しながらここまで来たという。4人いたクルーもここハワイで降りてしまい、ハワイから先は、奥さんと一緒にシアトルまで走るそうだ。彼は奥さんが空路ハワイに到着するまでここで待っているという。

彼は60歳の医師でリタイアしてから中国で船を造り、4月に中国を出たという。彼の船はマストが付いたモーターセーラーで、エンジンでもセーリングでも走ることができるので燃料のストレスは僕たちよりずっと少ない。彼は僕の船を見て驚いていた。明らかに小さ過ぎると思っているようだ。太平洋を渡るには少なくとも50フィートが常識でしょうと考えていたみたいだ。

この日は少し風が強かったが、先は長いし二日もすれば風は収まるというので、僕たちは今日予定通り出航することにした。ハワイで知り合った人たちがハーバーまで見送りにきてくれることになっていた。

9時になって、健ちゃんの再発行されたパスポートをもらいに領事館まで出向き、無事受け取る。

今回ハワイでいろいろな経験ができた。自由な時間もたっぷりあったが、相変わらず日常生活は火の車の耐乏生活。10ドルランチもろくに楽しめないクレージーな日々だった。

今度の航程では、僕たちは風や波は追手で、後ろから押されて走ることが多くなりそうで、少し楽になるはずだ。

僕たちはこの日、ハワイ最後のランチに、美味いと噂のサンドイッチを食べに行った。チキンバーガー8ドル也。

出発予定時刻は14時。ハワイでお世話になった由美子さん、礼子さんも見送りに来てくれた。僕たちは強い風の中、マーシャル諸島に向かいホノルルを出航した。これから2週間、マジェロまで頑張らなきゃ。

6月22日にホノルルに到着してからいろいろなことがあった。修理のため高額な出費の発生、健ちゃんのパスポート紛失などで多くの時間を取られたが、その結果、ホノルル滞在はいい体験となった。緊張の連続であった海の上とはまったく違って、心のゆとりもできた。ホノルル滞在は、頭髪のない我が後ろ髪を引かれるほどのいい体験となった。

「海音」のナビゲーション・エリア。航海計器はすべて予備の計器も揃えられていた

7月9日17時、出航して3時間がたったところでエンジンルームを点検すると、ビルジが異常に多く溜まっていて慌ててしまった。手動ポンプで排水後、点検してみたが特に不具合が見つからない。ビルジポンプのオートスイッチが何かのはずみで手動に切り替わっていたためポンプが作動していなかったようだ。

早く気が付いて大事に至らなかったが、念のため3時間後にもう一度確認してみたら、問題はなかった。船にとってビルジは一番神経質になるところなのに、初歩的な点検ができていなかった。どんなにいい船も水が入れば沈没だ。いつも思うことで、「これくらい今は大丈夫」の心のゆるみが取り返しのつかない大事になることが多い。

修理した箇所は順調に動いていた。気分にも余裕が生まれ気持ちが楽になった。船に1カ所でも不具合な所があると、気になって落ち着かないものである。

この日は風が強く20〜25ノットの強風が吹き、波高も3メートル以上あった。全長11メートルの小さな船は波に揉まれると、なかなか真っ直ぐには走ってくれない。オートパイロットで目的地にセットしていても、コースずれの警告音がピーピーと頻繁に鳴ってやかましい。スタビライザーのお陰で転覆を免れていたがそれでも大きくローリングを繰り返していた。

真後ろからの強い風と高さ3メートルの追い波の中での航行は、決して気持ちのいいものではなかった。今回も3時間交代のワッチで走ることにした。0時から3時までが僕の当番で、3時から6時までは健ちゃんが当番、といったシフトで2週間走り続けることになる。

航行中は船を操船するという感覚はあまりない。エンジンをかけて走りだしたら、オートパイロット（自動操船）に目的地をセットしておけば、後はGPSとオートパイロットが仲良く話し合いをしながら目的地を目指して走ってくれる。本来はそういう優れた機械なのだ。

波や風でコースを外れても、ちゃんと元のコースに戻してくれるし、スピード（エンジンの回転数）だけ調整すれば特にラット（舵輪）を回すことはない。

ところが今回この海域ではこの優れた装置の性能を上回る大きな波のため、船は絶えず左右に大きく振れ方位を検知する機器が目標をとらえきれず、「検地不可」の信号が出て警告音が絶えず鳴り響き船が迷走してしまうハプニングが続出。深夜何も見えない中、計器を頼りに困難な設定やり直し作業が続いた。

燃料消費状態などはエンジンモニターに表示される数字を細かく記録しスピードと時間を計算すれば燃料の消費量はわかる。本来長い航海をする場合は、操船するのは港を出る時と入港する場合だけで、それ以外でラットを触ることがないはず。

自動操縦で走っている間も、ジンバルがないのでまともな調理もできず、食事は相変わらずインスタント食品やクラッカーなどをかじりながらの航海が続いた。電子レンジ、ガスオーブン、湯沸かし器、冷凍庫、冷蔵庫、など一人前の調理器具は全てそろっていたが、揺れの大きい船の中で使えるのは電子レンジぐらいだった。

7月10日、晴れ、風は少し弱まった。風速15ノット（約9メートル）、波高3メートル。6時30分、100海里（180キロメートル）を16時間30分で走ったことを確認。船速6ノット（約時速11キロメートル）、使用燃料毎時1・7ガロン（約6リットル）、目的地到着まで566ガロン（約2000リットル）を目標として走っている。レーダーには48海里内に何も映ってない。

11時、船速が少し落ちて5・4ノットとなる瞬間も増えた。相変わらずの追い波で波高2～3メートル、風は東10～15ノットで走りにくかった。14時、平均船速が5・5ノットまで落ちた。潮の影響のようだが0・5ノットの潮流でも、この船への影響は大きい。

2000年ころ、この船のビルダーであるノードヘブン（NORDHAVN YACHT）社は、この船の設計責任者とエンジニアで、船の性能をPRするため世界一周の航海を成功させた例があるみたいだったが、それ以外で40フィート以下のモータークルーザーで太平洋を走り日本に来たという記録はなく、この回航が成功すれば、事実上、僕たちが世界初の太平洋横断したモーターボート乗りとなる。

セーリングボートでの太平洋横断は数多くの人が成功し、手漕ぎボートやカヌーでアラスカとユーラシア大陸のシベリア東端の間の狭い海峡ベーリング海峡を渡った例はあるが、エンジンだけの40フィートのプレジャーボート（モータークルーザー）で太平洋の真ん中の横断は例がないと思う。

特に日本船籍のモーターボートが外洋に出るには日本の法律はいろいろと厳しく条件を定めていて、個人でこの法律をクリアすることはなかなかに難しいのが現状である。遠洋漁業のマグロ漁船のように船長、機関長、航海士を必要とし、船も特別な検査を受けなければならないので、事実上モーターボートで日本から太平洋を渡ることはできない。

毎回のことだが、出航して2～3日ぐらい体調が悪くなる。いつもムカムカしていて船酔いのようになる、食事を作るため動くとよけい気持ち悪くなってしまった。体力が落ちたせいなのか緊張のためなのか……。

健ちゃんは2度目のロングでちょっと慣れたせいか、少し余裕が出てきたようだ。その分少し注意が散漫になり、燃料のことをあまり気にしなくなっていた。ゲージ確認がおろそかになり、ボーとすることが多くなっていた。

スタビライザーの調子が悪い！

7月11日、晴れ。ワッチ交代0時、200海里を34時間、平均船速が5・7ノット、燃料は毎時1・7ガロン使っていた。

修理したはずのスタビライザーの調子が悪い。左側で異常音と振動が強くなった。右側は少し水漏れの跡があり、どっちも心配だ。出航してまだ3日しかたっていないのに。日本まで大丈夫かな……。分解してフィンを取り付ける時、フィンの取り付け角度を正確に取りつけてくれたのかどうかも心配になってきた。

ワッチ交代6時、この時点でホノルルから230海里、40時間走った。平均船速5・6ノット、燃料は毎時1・7ガロン消費。計算上は出航してから68ガロン使用したことになる。ハワイまでの航海と比べるとかなり走りはよくなっている。

健ちゃんが起きてきて右往左往している。スタビライザーが気になり寝ていられないようだ。ハワイに戻って修理したいと言う。今からハワイに引き返すと往復1週間は必要だったが、このままマジュロに向かうか引き返すかの判断は船長の僕に任すなんて言い出した。なんとも判断が難しいところだった。彼の不安と弱気が圧となって僕を苦しめたが、ここはひたすら修理したエンジニアの腕を信じて耐えることにした。

スタビライザーを修理するために、ホノルルに引き返すことも考えたが、アゲンストの風が強く、波も真向かいにまわるため、ホノルル到着までに4日は覚悟しなければならない。スタビライザーは、異音はするけど稼働部分の水漏れは止まっていた。フィンの角度がうまく調整できていないため、コンピューターとうまく同調していないのかもしれない。破損することはなさそうだったので、そのまま航海を進めることにした。

この海域では所々、尖がった大きな波が現れる。それに当たると、ドスンとかなり大きな衝撃が船体を震わす。たぶんこんな波が窓ガラスなどを割ったりするんやろな……風は北東から20ノット（風速11メートル）で吹いていた。

体調の悪さは続いていたが、あと2週間は走らないといけないと自分に鞭打つ。夜になると、星空を見上げるのではなく、横に眺める状況になっていた。船が大きく揺れるからだ。揺れるたびに星が横から飛び込んでくるように見えた。

7月12日。0時にワッチ交代、外は真っ暗、航海3日目を迎えた。距離は324海里を60時間で走っている。平均船速が5・4ノット、風は北東10ノットで「海音」の走りは安定していた。

毎朝太陽が後ろから上がる。真西に向かって走っているから当たり前か。もしこのルートを反対に、日本からアメリカに行こうすると同じ条件では走りきれないと思う。すべてがアゲンストになるから。今のルートは追手の風と波に助けられるので、燃料を節約して走れる。この風のお陰で僕たちの船は辛うじてハワイまで走れたと思っている。

最初計画していたのは北回り、アリューシャン列島沿いに走る計画だったが、調べて行くうちに距離は短くなるが、走る海域は低気圧の墓場といわれる海域で、ほとんどの日が大時化らしく、この小さい船では非常な危険が伴うことがわかった。ロシア領に入ってからの給油も難しそうだったので、北回りを断念した僕たちは南回りハワイ経由で走るルートに変更した。もし当初の計画通り北回りにしていたら、多分早い時期に失敗していただろう。

やはり太平洋を走るには最低でも50フィートは必要、と言われる。40フィートでは船は真っ直ぐ走れないので、進路を保つのにとても苦労する。もっとも、オートパイロットが頑張っているのだが……何よりも燃料タンクの大きさが問題となる。50フィート艇だと2000ガロン以上の燃料タンクを持っている船もあり、ガス欠の心配が少なくなる、僕の「海音」は900ガロンと、プレジャーボートとしては大きな方だが、太平洋を渡るには頼りないサイズだった。

GPSに「あと12日」と表示が出ているが、スピードが変わるたびに11日になったりする。表示に一喜一憂しながら、飽きもせず数字を眺めている。僕の計算では14日かかると思っていた。

10時になって食事の準備を始めた時、プロパンのガスが使えなくなった。タンクにはガスは充分あるはずだったが、原因はわからない。まだ今のところ電子レンジは壊れていないはず。当分電子レンジだけで調理できる物を考えよう……この船は標準以上の設備を備えている、立派なオーブンまでついたガスレンジもある。ただ、ガスがなければ何にもできない。便利なオール電化の家に住んでいて停電のためトイレも使えない、そんな感じだ。

あとでわかったことだが、プロパンガスはまだたくさん残っていたが、ガスをコントロールする電磁弁が故障してガスが出なかったようだ。

火が使えないのは大きな問題だ。この先1カ月電子レンジだけで調理できる食材しか食べられないのは困る。食事の制約が大きい。そういえばハワイ滞在中、パックご飯をレンジでチンして食べていたら、皆からよくからかわれたものだ。天気は安定していた。今のところ命に別条ないから、多少の不便は我慢するしかない。

18時30分、ハワイを出てから初めての雨。健ちゃんはサロンに服を脱ぎ捨て、素っ裸でデッキに飛び出した。スコールをシャワー代わりに身体を洗うつもりだったようだが、残念なことにすぐやんでしまった。僕もシャワーのようなスコールの中、身体を洗ってみたかったので、気持ちはよくわかる。

7月13日土曜日0時、船は457海里を84時間で走っていた。平均船速5・4ノット、燃料消費142ガロン、計算上の残量は758ガロンとなる。

何度も書くが、燃料は使った量より残っている量を知ることが大切だ！　どれだけタンクにあるかを正確に知るために使った燃料の量を知りたいだけなのだ。残りの燃料で走れる距離を計算することが必要。満タンで920ガロン入るので、引き算すれば残量はすぐわかる。使用量は多めにタンク内燃料は少なめに計算する。「面作り、鼻は大きめ目は小さめ」である。

健ちゃんは現在使っている燃料が多いか少ないかがとても気になるようで、パソコンにビッシリ燃料の消費量を入力していた。大切な作業ではあるが手段にとらわれすぎている感じだ。僕は結果（実燃料残）が大切。消費燃料を気にしてスロットルを絞るだけでは、長い距離を走る「海音」には適切ではないと考えていた。

7月13日6時、晴れ、ワッチ交代。491海里を90時間で走った。平均船速5・4ノット、この6時間では船速6ノット、毎時2・5ガロンを消費、燃料残は728ガロン。

海は比較的穏やかになり、波高は1・5メートル、東の風10ノットで走りやすくなっていた。

夜はいつものことながら嫌な時間だ。一つのことが気になりだすと寝付けない。少しでも船の一部に不安や不具合があると、思わず起きて確認に行きたくなる。いつも一番悩まされるのは「音」だ。それが人の話し声に聞こえたり、ふっと誰かがいるような気配を感じたりしてしまう。嫌だ嫌だ。

7月13日11時、マジュロまでの残りの日数がとうとう2桁から1桁、9日間になった。この航程の3分の1を走破したことになる。あとは到着日を指折り数えて走るだけ。楽しみやな。このまま行ければ最高なのだが。この先、天気予報では大きな天候の変化はないとウェザーサービスから連絡があった。特に北緯10度を越えて南下すると何もないようだった。風は爽やかだったが、さすが暑くなってきた。陽に当たるとジリっとする。

平穏に見える海でも、突然ドンと波がボールのような塊になってぶつかって来る。外洋を走るボートや漁船に窓ガラスを守る分厚いポリカーボの板がボルトで止めてあるのはこの波のためなんだと納得。

僕は髪を刈って、頭をつるつるのスキンヘッドにしたため、フケも出ないし、サッパリしていた。何より頭と顔を一緒に洗えるのがよかった。

経験を積んできたので「自分はけっこうベテランだ」と思っていても、失敗は数多くあるものだ。今回の航海では、この時点までにすでに32回失敗をしていた。これからも失敗は増えるだろう。どの失敗も事故につながらなかったから、失敗と軽く言えているが、重大事故になった可能性は充分あった。助かったから運が良かったと言っていられるが、死んだら運が悪いで片付けられるものではない。自分も健ちゃんも、お互いの家族も「運が悪いから死んだ」では納得できないはずだ。

僕は32回の失敗例を書き留めてあるが、ほとんどは初歩的なミスばかりである。ハッチの閉め忘れ、ドアロックのかけ忘れ、フェンダーの固定ミスなど、初心者が犯すミスをしてしまっている。そう、小さなミスばかりだ、でも、これらが重なり合うと不運が入り込める隙間が大きくなり、重大な事故につながると思っている。自分の命を運だけで託したらだめだ。

船上の日常

ホノルル出発から4日間96時間を走って、燃料残量は720ガロン（約2725リットル）、毎時2・5ガロン（約9・5リットル）、船速7ノット（時速13キロ）、残り距離1450海里（約2600キロ）、残り日数は約8日間。とこんな状況だった。

マジュロに近づくと3日間ほど風が強くなるようなので注意が必要、と馬場さんから連絡が入った。

このまま航行を続けると7月22日夜中にマジュロ到着となりそうだった。もう少し近づいたら速度調整して、23日の朝にマジュロに到着したかった。マジュロの港は入口に浅瀬が多く、明るい時間に目視で入港しないと、とても危険だった。加えて、役所の時間外に入国すると、入国手続きが面倒になり割増料金とかランチを要求されることもあると聞いていた。

そういえばこの海域には、アメリカの原爆実験でマグロ漁船「第五福竜丸」が被曝したビキニ環礁がある。こんな遠いところまで日本の漁船は来ているのだ、と感慨深い。今は観光でダイビングをしにくる人が多いと聞く。50年以上も前、中学生の頃、僕と級友とで福竜丸の寸劇をしたことを思い出した。「ビキニ環礁には人が住んでもよい」とアメリカ政府は言っているが、現在も誰も住んでいない。地元の専門家はとても住める環境ではないと言っているようだ。いまだに場所によって放射能がとても強い所があるという。

もう少しで日付変更線だった。これを越えると、あと3日ぐらいでマジュロに着く。日付変更線越えると、カレンダーは1日進むことを忘れていた。

マーシャル諸島は、一時期、日本が統治したこともあり、なんとなく馴染み深い感じがする。日本から600海里（本土~小笠原の2・5倍の距離）にある島々で、とても神秘的なところらしく、到着が待ち遠しい。

この航海中、健ちゃんが興味深い行動をしていた。便意を催すとバタバタと着ている物を全部脱いで全裸になり、体にロープを巻きつけ船の後ろにしゃがみ込むのだ。落水しないようにロープは固定している。しばらくして「失敗、出なかった」と戻ってくる。相当便秘で苦労していた。体力をかなり使うらしく、しゃがんだ後しばらくはゼイゼイと肩で息をしていた。

僕には何で船内のトイレを使わないのかが不思議だった。多分、お粗末な設備の全長7メートル前後のセーリングクルーザーが主流だった時代、船内に匂いがこもるのを嫌い、またトイレ周りのトラブルを避けたかった昔のヨット乗りの習慣なのだろう、シャワーにも彼なりのスタイルがあった。無駄な水を使いたくないというのが彼の理由だった。

雨水で体洗うなんて小型のセーリングヨットならしかたがないと思うのだが、この船の静水タンクにはドラム缶4本分200ガロン（約750リットル）も水を積んでいる。大人2人が20日ぐらい充分に使える量である。トイレの水を節約しなくても毎日快適に使用でき、おまけに海水を真水に変える造水機まであるので、トイレでの排便を我慢する必要はないのだが。

でも、僕はシャワーも使うしトイレも使う。充分ある水は計算して使えば20日ぐらいはもつ。ただし、今回のように清水設備に不具合が出るとこの限りではない。限られた水をうまく使うのも大切なことである。でも、ひげも剃らず、歯も磨かず、パンツを洗わない生活をし、いかにも厳しい航海をアピールするみたいにボロボロの格好で人様の前に出るようなことをするまいと、自分に言い聞かせていた。裸足でペタペタ、髪ぼうぼう、匂いプンプンでは妻に見放されてしまう。航海の途中で会ったクルージング中の外国人たちはスーツこそ着ていなかったが、日焼けした真っ黒な顔に短パンにデッキシューズと皆、小ぎれいでカッコよかった。

今回の航海は総航程8500海里という、とてつもなく長い旅だ。マジュロまで走れば5000海里を走ったことになり、その時点ではようやく半分過ぎたところ。これだけ長い航海だと僕たちはひたすら1日が終わるのを待つだけの毎日となる。「いったい何のために耐えているのか」と自問するようになる。そこで、マーシャル諸島やチュークの観光パンフレットを見て、できるだけ楽しいことを考えるようにした。

僕は相変わらず食欲がなかった。このままでは身体が持たないので、無理にでも食事を口に突っ込むようにして食べるよう心掛けた。小心者の船長は緊張の連続で体力を消耗していた。

健ちゃんのパソコンがダウンしてしまった。多分潮風の影響を受け続けたのが原因だ。船ではサランラップを巻いて使う人もいると聞く。注意が足りないと思う。まだまだ先の長い航海が続くのだから、機器の使い方にも工夫が必要だ。

パソコンと格闘中の大場くん

7月14日0時、ハワイを出てから６１１海里走破、96時間が経過、平均船速６・３ノット、燃料消費量は平均毎時２・５ガロン（約９・５リットル）。ここまで１８７ガロン（約７０８リットル）を使用したことになるので、燃料残量は７１３ガロン（約２６９９リットル）になっている計算だ。

7月14日6時、ワッチ交代。ブランケットを抱えた健ちゃんと交代した。ワッチに毛布が要る？　見張りするんやで、仮眠するんちゃうで。彼曰く「レーダーに障害物アラーム設定するから船が近づけば警報で教えてくれる。真っ暗な海を見ていても何も見えないから起きていても一緒や」と返事。

これは合理的なようで間違いだ。どこの世界にもアラームがあるから寝てもいいなんて船はない。ワッチは「見る」というより、起きて船外船内を監視することに意味がある。何も見えない闇を見つめるためではない。計器の確認など、やることはたくさんある。少なくとも休息の時間ではない。ということで、「航海中は操舵室で寝ることは禁止」というルールを作った。眠い時は必ず、サロンに降りるか、自分の部屋で寝るという約束を確認し合った。この航海で一番怖い慣れからくる怠慢、というか当たり前のことがおろそかになるのが怖い。

僕は航行中、ベッドで寝たことはない。操船室に近いソファで交代を待つようにしていた。船首部の部屋で寝ると、緊急時に操舵室からの声が届きにくいので、万が一、対処が間に合わないことを恐れ、自分の船首部の部屋で寝ることはできなかった。

ハワイからこの地点まで654海里（約1200キロ）を走って、所要時間は99時間、平均船速は6・6ノット（時速約12キロ）になり燃料消費量は平均毎時2・5ガロン（約9・5リットル）であった。消費した燃料は193ガロン（約731リットル）となり、燃料タンクの残量は707ガロン（約2676リットル）となり、この航程では充分余裕があった。

ハワイ〜マジュロ間の距離は、サンフランシスコ〜ハワイ間とほとんど変わらないが、海域の走行条件が格段に良かった。風も波も潮の流れもすべて「海音」に味方をしてくれたおかげで、燃料切れのリスクが少なくなっていた。そのため、燃料に対する意識も薄くなり、ハワイまでの航海のような緊張感が保てなくなっていた。

ハワイまでは黙っていても二人とも2時間毎に必ず燃料ゲージを確認していたが、どれだけ使ったかをパソコン片手に記録していた健ちゃんが、このレグ（航程）では、僕が指示した時だけ燃料残量の確認をするようになっていた。燃料リスクは同じなのだけど、厳しい状況で一度成功した体験が、「何とかなるさ」という気持ちにつながってしまうものなのか。

目的地までの燃料の余裕が100ガロン（約380リットル）で走る僕たちにとっては、無寄港で走る2000海里の距離はとても危険が多く、けっして間違いが犯せない条件のはずなのに。「海音」ではエンジンモニターでリアルタイムの燃料残量を計測していたが、実際の燃料ゲージを確認する作業も大切にしなければいけない。僕はデジタルのエンジンモニターの精度を信頼していたが、それに頼り切るのは危険だとも承知していた。

燃料タンクのパッキン不良でタンクから燃料が漏れ出し船底に溜まってしまった香港から回航していた船の例もある、船の航海には絶対がない。気を抜いたらお仕舞いだ。僕たちも今までに何回もミスしていた。心構えがまだまだ甘かった。

この船は燃料計がエンジンルームにしかないため、燃料の確認は必ず、エンジンルームに行く必要がある。時間を決めていたが、疎かにしてはいけないと誓った。

船上生活中、不潔を気にしなくなるのはよくない。前にも言ったように、人間の最低の尊厳は保ちたい。パンツを洗わず2度裏返しで履くなんて、長く厳しい航海中のエピソードとしてはオモロイ話だけど、冗談じゃない。

夏場なら身体を洗うのも簡単だ。海水でシャワーなり水浴びの後、清水で流せば快適になる。頭を洗い歯も磨くべきだと考える。セーリングボートと違い、このトローラータイプのクルーザーはガスも水道も100ボルトの電気も使い放題なのだ。静水タンクには200ガロン、おまけに海水を真水にする造水機まで装備されている。水は使い放題、冷水も温水も使え、冷蔵庫、冷凍庫完備だ。こんな近代的な船に乗り、わざわざ不潔になる理由はないと思う。昔18フィートの小さなヨットで日本からサンフランシスコに渡った堀江謙一さんの条件とは違うのである。

ヨットの長距離航海とモーターボートの長距離航海

堀江さんは長距離航海での走り方について、長い距離だから半分までは一定条件で走り、距離が半分越えてからコースやらなんやら調整すべきと言っていたが、海況が安定しない長い航海をモータークルーザーで行うとなると、何も調整せず1000海里も走る方法は、燃料が命で、その燃料に限りのある小さなモータークルーザーには向かないとわかっていた。絶えず変わる風、波に合わせて船をコントロールしていないと、半分走ったところで、どこにも到達できないという状況も十分にあり得る話だ。

ではどうするのか。目的地まで届く基本の条件、例えば5ノットで燃料毎時2ガロン消費、目的地まで2000海里で燃料残量200ガロンの場合、この条件に必ず入る走り方をするのである。半分走ってから後は無理ではシャレにもならない。絶えず残り距離を見ながら現状で一番いい燃料消費で走ることが大切だと考える。どんな時も目的地に届く燃料を計算することが大切。

同乗者がこの点を理解していないと問題が起こる。健ちゃんの場合も、燃料に対する計算の仕方が違っていた。緻密に積み上げたデータをパソコンに入れて管理しているのはいいのだが、僕は残った燃料でどれだけ走れるか、目的地まで届くのか、この一点に集中していた。今回のように計算上ぎりぎりで届く距離、しかも2000海里という常識外の長距離の場合、海域の状態は走らないとわからないこともあり、計算どおりにはいかない。やはり毎日が勝負になる。何度も言うが、半分来たけど届かないのではアホと言われてもしかたない。

「海音」は、冷蔵庫あり、シャワーあり、温水器あり、冷凍庫まで完備されている船であったが、そういった装備も、エンジンが止まればすべて使えなくなる。そういう意味では、エンジンの心配をし始めたら夜も眠れなくなった。ハイテク装備だけに、動力がなくなると優れ物の装備も邪魔物や凶器に変わることもある。オール電化住宅で停電した時と同じだ。

とはいえ、ローソク生活も大変。極端に言えば、「セーリングクルーザーがローソク生活のテント、近代的なトローラータイプのモータークルーザーはオール電化の住宅」くらいの違いがある。自分の好み、ライフスタイルに合わせてどちらかを選べばいい。

5ノットは時速9キロ、6ノットは時速約11キロ。このスピードで僕たちは20日間ひたすら走る、と言うより「歩く」と表現するほうが合う。一度も休むことなく頑張って回り続けるエンジンに拍手を送りたくなる。

家を出てからそろそろ3カ月になっていた。今頃、家族は皆どうしているだろうか。孫たち、いや女房殿も、僕のこと忘れてしまっていないだろうか。

日付変更線が近くなってきた。東経179度で日本と同じ日になる。ここを越えると日曜日が月曜になる。今まで一日遅れで走っていた形だ。

かなり南下したので、とても暑くなってきた。うだるような蒸し暑さだ。船内の匂いがキツくなってきた。お互い不潔なのか、何とも言えない甘酸っぱい臭いが充満していた。二人はすべて脱ぎ捨て、真っ裸で海水シャワーをすることにした。バケツで海水をかぶり、その後、清水でシャンプーした。これで臭いは少しましになった。身体も気持ちもピカピカになった二人はビールを飲み乾杯した。

ジョンストン島通過

7月14日16時。右36海里先にジョンストン島の米軍基地があるはずの距離だが、距離が遠く、目視はできなかった。ここで給油できるとまた違ったルートを走れるのだが、今は無人島になっている。噂では化学兵器事故ですべての施設が閉鎖され米軍は撤退したらしい。建物はすべて撤去され、数人の科学者だけが常駐して何か研究しているそうだ。

この船の唯一の欠点はローリングに弱いこと。スタビライザーがないと情けないほど横揺れする。しかし今は海況が安定し、快適な走りが続いていた。スタビライザーにはお休みしてもらっていた。少しローリングが大きくなるが、転覆はしないだろう。夜は外がまったく見えない。不測の波で危険があるから夜はスタビライザーに頑張ってもらう。少し不安の残る装置だが、大事に日本までもたせたい。ハワイで修理はしたが今少し不安が残る。

あと8日走ればマジュロというところまで来た。この頃、実質食事は昼、夜2回となっていた。クラッカーのダイエットメニューの効果が出てきてベルトが余るようになっていた。ダイエットを希望するならこの船に乗ればいい。確実に5キロは減量できるはずだ。

一日が無事終わり、少しずつ目的地に近づいていく。まだ半分まで来ていないが、確実に近くなっているはず。後1週間、月曜日には到着したいな。イライラしないで、時間がゆっくり通り過ぎるのを見ていよう。

7月15日晴れ、相変わらず風は東10ノット、この日も暑くなりそうだった。

船のトラブルを気にする割には緊急時の対処法には不安が多く残っていた。主にVHF、イーパブ、衛星電話、携帯、パソコン、ライフジャケット、非常持ち出し用品などについてだったが、結局、遊園地のジェットコースターに乗っている気分。怖いしスリルはあるけど何も起こらないはず……。

お疲れモードの大場くん

7月15日8時、燃料の残量が630ガロン（2835リットル）あり、目的地までの燃料に心配がなくなった。この航程の中間地点にはまだ1日以上かかるが、海況が急変しない限り燃料は大丈夫と確信できた。北緯15度、西経170度あたりを走っていた。日付変更線は西経179度。そこを超えると船内の日付は日本と同じになる。

アナコルテスからサンフランシスコまでの6日間、サンフランシスコからハワイまでの17日間、今回は3度目の長い航程であったが、少し慣れてきたせいか気持ちが楽。燃料もハワイまでの2200海里でもつことは実証済みであり、健ちゃんにも余裕が出てきた。

もう戻れないし、どんなことがあっても前に進むしかなかった。誰の助けも受けず、ただただ目的地に向かう。少しずつ、はるかかなたの陸に近づくことになる。我慢していれば必ず到着できる。ただ我慢するだけである。どんな工夫も努力も、日程を短縮させることはできない。

太平洋、ふたりぼっち

7月16日0時、ワッチ交代時間。917海里を158時間で走った。平均船速5・8ノット、平均燃料消費は毎時2ガロン（7・57リットル）、これまで290ガロン使用、燃料残量610ガロン（約2309リットル）となった。

6時のワッチ交代。晴れ、南東の風19ノット（風速約10メートル）。956海里（1700キロ）を

160時間かけて走った。平均船速は5・9ノット（時速約10キロ）。

ワッチ交代のため操舵室に入ったが、ワッチしているはずの健ちゃんはまた爆睡状態。この状況が船に危険を招きそうで心配になった。僕はそれが気になり、仮眠していてもすぐ目が覚めてしまうようになっていた。少しイライラが溜まってきた。

この日のうちに今回の航程のちょうど半分の地点を越えるはずだ。予定通り走れば、6日後の7月22日に到着できる。

前日の正午過ぎ、小型のサメが船の横を泳ぐのを見かけた。船から1メートルぐらいの距離を保ちながら右に行ったり左に寄ったりと6時間以上一緒に泳いでいた。珍しいこともある。

せっかくの貴重な体験である。苦労も緊張も、また恐怖も、体いっぱい受け止めないともったいない。泣いても笑っても帰れる時は来る。ただ時間を持て余すだけなら、こんな冒険航海などやるべきじゃない。「いろいろなことが凝縮された4カ月間の航海だ。思い出の新しい引き出しにたくさん宝物を入れて帰ろう」と健ちゃんに話したが、彼の目は虚ろ……これも心配の種となった。

9時に燃料の残量確認。585ガロン、予想よりちょっと少ない。

食事の時以外はスタビライザーを使わないようにしていた。前夜は横揺れが激しくよく寝られなかった。健ちゃんも同じで睡眠不足。スタビライザーはハワイで修理したけどまだ少し不安があり、いざという時に使えるよう温存しなければ。

前を見ても後ろを見ても横を見ても、同じ景色が広がっていた。見上げれば360度、海の上に空が載っている。周囲100キロ（レーダで確認できる最大距離64海里）内には確実に僕たち以外誰もいなかった。日常生活でこんな経験はできない。大きな大きなお盆の真ん中でどれだけ走っても真ん中から動かない状態を想像してほしい。よく言われたな、「アンタ、お母ちゃんの手の平の上で動いているだけなんやで」。ほんま海は広いな大きいな。

12時45分ハワイから走ってきた距離より目的地までの距離のほうが短くなった。1週間で半分走ったわけだ。ここまで来られたのだからこれからも行ける、と自らを励ます。

ここで健ちゃんのうんこタイム。下剤がきいてきたようだ。命綱を着けて船尾に座り込んでいる。頑張れ〜。

僕たちは毎日15時に横浜の気象予報コンサルタント、馬場さんまで衛星回線を使いメールで位置情報を伝えて、これからの海域について海況の変化が無いか連絡をもらっていた。

ふと、久しくおいしい物を食べていないことに気づいた。ハンバーガーとサンドイッチ生活にも少し慣れたけど、やっぱり寿司が食べたいし、肉も食べたい、居酒屋で酒も飲みたくなった。こんな切実な欲求は家にいては湧いてこない。毎日いかに贅沢していたかを実感していた。何気ない日常にも大きな意味があるんだと、つい、考えてしまう。いつも航海に出ると思うのだが、航行中ほとんどの時間楽しいと思えることがないのに、また走っている自分がいる。何でやろ、そこに海があるから……か。

前夜、久しぶりに孫の顔を思い出しながらＤＶＤで「崖の上のポニョ」を観た。何回観たかな。持ってきたＤＶＤはすべて5回以上観ていた。

20時ワッチ交代に備え、早めに寝たが、相変わらずスタビライザーの振動が気になった。大金かけて直したのに……ハワイの人は人柄は最高だが、技術的には大雑把であることがよくわかった。せめて日本まで壊れないでくれ〜と思いながら浅い眠りに落ちた。

運の良し悪し

健ちゃんと前に議論した「運」の悪さについて考えてみた。うまくいかないことを「運が悪かった」で片付けていいのだろうか。機械は故障することがあるし、海を走れば流木に当たることもある。スクリューにロープが絡む時もある。誰が乗っていても、クジラにも衝突する。こういうトラブルを「運が悪かった」と言うことが多いが、大切なのは、どのような準備をしていたかということだが、もっと重要なことはトラブル後の対処のしかたである。

いざという時に素早く判断して適切な行動ができれば、ライフラフトに安全に乗り移れて助かることもできるのである。早い処置が浸水を食い止め、沈没を免れたり、緊急信号を素早く発信し救助が間に合ったりなど、運命の「良い隙間」と「悪い隙間」のどちらに入るかは、本当一瞬の判断にかかっている。適切な行動ができて「良い隙間」に入り込めたら運が良かった、居眠りしていて判断が遅れたら「運悪く」命を落としたとなる。

問題は運が悪かったからクジラに衝突したのではなく、適切な判断によりライフラフトに乗り込めて救助されたら「運が良かった」のではないだろうか。それは運が悪かったわけではなく、その後の処置が本当の「運」の別れ道になると思う。ワッチする時ブランケットを持ち込むなど言語道断、悪い運の隙間が開き切る。

運命とか運なんてものは、やりようによっては変えられる、船に乗ったことが運だから降りる選択もあるはず。僕は簡単に「運が悪い」と言いたくない。

7月17日0時現在、南東の風20ノット、1069海里走破、所要182時間平均船速5・8ノットをキープしていた。燃料消費は340ガロン(1287リットル)使用、残り燃料は560ガロン(2170リットル)。

6時にワッチ交代。曇り、南東の風13ノットに弱まっている、平均船速は5・8ノットと変わらなかった。区間船速6・3ノットと順調だ。9時にタンク内の燃料残量をチェックしたら510ガロン(1976リットル)あり、計算より少し少なかったが、想定内の誤差範囲で安心した。

二人で12時にブランチをとったが、サンマとサバの缶詰だけで終了。食材も少なくなり、冷蔵庫内はガラガラ、隙間が多くなっていた。パックご飯も残り10パック、カップ麺が2個、その他缶詰が数缶。マジュロまでギリギリの量だったが、なんとか凌ぐしかない。

翌日から少し風が上がるようだった。気象コンサルタントの馬場さんからの連絡では3日間ぐらい風が強くなるので、突風に注意するようメールが入った。気を付けないといけない。風が出ると、波はすぐ波高3メートルを超える。怖い、怖い。あと5日でマジュロに到着する予定なのに、荒天準備をしないといけない。

孫たちはそろそろ夏休みに入る頃だ。それぞれ遊ぶスケジュールが一杯なのにさらに楽しい計画でにぎやかなことだろう。僕は毎夏、日本海で孫たちと一緒に遊ぶのが定番の夏休みだったが、今年は僕の帰りが間に合わないから遊べない。帰ったら孫たちに、今回経験した話を聞かせてやれるよう新しい引き出しをたくさん作って持って帰りたいと考えていた。

15時、横浜の気象コンサルタントの馬場さんから、20日ごろから風速25ノット（風速約14メートル）以上に風が上がり、波高は3メートルぐらいになるから注意して走るよう連絡が入っていた。風は22日頃に収まるようだが、僕たちの入港予定日が22日だから際どいところだ。

ハワイ回想

美味しい刺身で一杯飲みたいな、あれが食いたい、これがしたい……そんなことなら家にいればいいのにと言われそう。ハワイで会った連中はみんな楽しくやっていた。ヨットの連中は毎日のんびり過ごしていたし、クルージングする、というよりクルージング自体が生活そのものとなっていた。

船が家の代わりになっていて、移動したければそれを動かせばいい、という感じ。うまく船を使っていた。気に入った場所で飽きるまで滞在する。桟橋係留費用は、僕の場合で1日約8000円だった。けっして安くはないが、物価の高いハワイでホテルに泊まること考えればそんなものかもしれない。船を泊めていたハワイヨットクラブはヒルトンホテルのすぐ横だから、生活するにはとても便利な場所だった。

思えばハワイまでの航海は厳しく、正直怖かった。サンフランシスコを出航直後に想像を超える太平洋の荒波に度肝を抜かれたワイルド健ちゃんが、つい横浜の馬場さんに泣き言メールを出してしまった気持ちは僕にもわかる。よほど怖かったのだろう。真っ暗な太平洋で木の葉のように揺れる船内で、何か物につかまっていないと身体ごと吹き飛ばされる状況が一晩続けば誰でも恐怖はマックスに達する。

実は僕も「健ちゃんがゴネてもう引き返して日本に帰ると言い張れば、僕も飛行機で帰国する理由ができるのに」と内心思っていたぐらいだ。とてもとても怖い思いをさせられた太平洋横断航海のスタートだった。

サンフランシスコを出発後、二人は行くか戻るかの最終決断地点まで到達する前に、想像していたより海が荒れて、これに恐怖した僕も走り出してすぐ怖くなっていたが、立場上、態度に出すことはできず平静を装っていた。でも、心の中は常に「帰りたい。計画を中止したい」という気持ちでいっぱいだった。

しかし、出航して2日しかたっていない時点で判断できることでもなく、「僕は基本、行く覚悟でいるよ。戻ることになるような甘い計画は立てていないから」と、船の不具合、燃料の計算違い、病気やケガなど、不測の事態が発生しない限り、１００％行く態度を取り続けたのだが、これが健ちゃんに無言の圧力を送り続ける形になっていたようだ。

６００海里を走った時点で決断することを彼と約束して出発した僕は、「帰る判断をする時はこの計画は失敗、終わりだから」と健ちゃんに伝えていた。僕らが引き返す時は、航海のやり直しはしないことも念を押した。その時は「海音」をサンディエゴから貨物船で日本に送る覚悟もしているし、計画には次回はないことを念押しした。

太平洋で2メートル以下の波なんて100年たっても期待できない。琵琶湖と同じような水面の認識では太平洋を渡る資格はない。

マジュロ周辺の海域は比較的穏やかで波も2〜3メートルぐらいと、ハワイ周辺に比べると走りやすい。風もほとんど後ろ（東〜南東）からで、船にとっては優しい海域となっていた。とはいえ、甘く見てはだめだ。サンフランシスコ〜ハワイとほぼ同じ距離で若干の燃料の余裕もあって、計算上は届く距離だが、２週間もかかる距離なので途中で何が起こるかわからない。何事もなく14日間走っても燃料は200ガロンしか余裕はなく、厳しい条件であることに変わりはなく、気の抜けない毎日になる。

もしもの時、僕たちの命を守ってくれる物はライフジャケット4個。サロンに2個、操舵室に2個、手の届くところに置いてある。いざという時にどれだけ役に立つかわからないが、お守りのように思っている。実際、これを着ていても海に放り出されたら30分も持たないだろう。この海域でも波はあるし、意外に水温が低い。助けてくれる船も近くにはいない。ライフジャケットを使わずに済むよう慎重な操船を心がけたい、と言っても操船は機械がしているので、僕たちは監視に専念する。

航行中、僕たちはまったくラット（舵輪）を持たない。身体を支えるため、時折触れるぐらいである。ハイテク装置は、一度セットすれば目的地まで確実に船を導いて連れていってくれる優れモノだが、これに問題がないわけではない。

僕は昭和15年生まれ。戦艦大和が進水し、ゼロ戦が海軍に正式採用された年の生まれだ。したがって、頭は超アナログ構造、最新のデジタル機器の説明書は見るだけで頭がうずく。おまけに表示はすべて英語なのだ。説明書は「読む」というより「見る」感じ。だから僕はハイテク装置を自由自在に使いこなすレベルには程遠い。

エンジン快調なれど……

人間、一度上手くいくと次も何とかなると思いがちだが、ここに運の隙間ができてしまう。最後まで緊張を保たないと失敗する。元々航海する距離に無理がある。全長12メートルの船で大洋を無寄港で2000海里走ること自体に大きなリスクがある。一度成功したからと安心するのは危険だ。

マジュロまで走れば、後は給油地までの距離が短くなるので少し楽になるが、それでも10日間走り続けなければならない距離が残る。燃料のリスクが小さくなる分、季節的に低気圧や台風の卵の熱帯低威圧が大量発生する海域で、とても安心できる所ではない。より危険な問題が待っているので、気象予報コンサルタント、馬場さんの力に期待することになる。

7月18日9時のワッチ交代時、走破距離1275海里、燃料残量ゲージを確認してもらうと450ガロンとの報告。僕の予想より若干少ない気がした。1日当たり52ガロン（約200リットル）使ってい

ポンペイ島の高台から撮った写真。見えにくいが、浅瀬が広がる危険な泊地であることを実感した

る。残りの5日間で260ガロン（1000リットル）必要となる計算だから最後には190ガロン残ることになる。ただ僕の計算では200ガロン以上残る予定だった。

このように計算値と実燃料を細かく記録していくことが燃料の計算の精度が上がり、安全につながっていく。次の給油で確認すれば、実際の状況がわかる、満タンで700ガロン以下の給油なら200ガロン残ったことになる。さて、どうなるかな。

7月18日14時、ハワイを出て9日目、走破距離1305海里、航行時間216時間、残った距離が700海里。マジュロはまだ遠い。海は少しウネリが大きくなっていた。この日から3日ほど風が強くなり、波も波高3メートルを超えるようだった。エンジンは快調で、コロコロコロと聞こえる排気管から出る音が静かな船内に小気味よく響いていた。

アナコルテスを出てから一度もエンジンに不安を感じたことはなかった。たった170馬力の小さなエンジンだが、信頼できるエンジンだ。アメリカ本土をスタートしてから4775海里走ったラガーのエンジンは、どこにも問題は出ず、気持ちよく動いていた。

一方、パソコンを壊してしまい、オモチャがなくなった健ちゃんにはスマホが玩具の代役となっていた。目を近づけチマチマと遊んでいる。

定時の健ちゃんからの燃料確認報告が来なくなり始めた。航程の中間点を越えて燃料の心配がなくなったと判断したのか、急に緊張感がなくなった。食べる時以外、スマホとにらめっこしている時間が多くなる。

14時の燃料確認で、正確ではないが545ガロンの残量を目盛りで確認した。船が揺れるので正確な計測が難しい。8日間で1305海里走り、船速が6ノット、燃料は毎時2ガロン消費してトータル432ガロン使ったことになる。残り燃料は488ガロンのはず。エンジンルームで見た燃料は約540ガロン、計算値より52ガロン多い。誤差が気になるところだが、想定内の誤差と判断した。多い多いは足らずの始まり、気を引き締めてあと4日頑張ろう。

エンジン回転は1495回転で、時間当たりの消費燃料は1・8~2ガロン消費していた。時々2ガロン以上になっている時があったが、慎重な船長もここは少々強気で走っていた。

20時、これから長い夜の部の始まり、健ちゃんも居眠りしたらあかんでぇ、二人の老人の命がかかっている。何度も言うが、しくじっても誰も助けに来てくれない。運が悪いでは済まんよ。僕は0時の交代までしっかり仮眠をとる。おやすみ。

僕の自分語り

7月19日0時、ハワイからの走破距離は1368海里（約2500キロ）。この距離を226時間もかけて走るのだから、どん亀の歩みだ。平均船速6・0ノット（時速約10キロ）で自転車並みの速度だ。

7時55分、やっと、日付変更線を通過。経度が西経から東経に変わった。当然と言えば当然なのだが、僕には初めての経験であった。僕たちは航海計器の画面を東経表示に変更した。

今回の航海はいつもとは何か違う。今回はほとんど充分な準備ができていないままの航海となっていた。今まではそんなことはなかったのに……。

今までの日本近海の長距離航海では、妻に積極的に賛成してもらえないまでも、真正面から反対されたことはなかった。太平洋横断計画も、最初は「できたらいいな」くらいの気持ちで計画を進めてた。だんだん具体的に問題を詰めていくと「日本から自分のボートで出国することはほぼ不可能」ということがわかり、半ばあきらめていたところ、「制約のないアメリカから日本に向かえば可能ではないか」と閃いた。

アメリカ船籍の船は日本の船関係の法律の制約を受けずに走れることがわかり、急遽アメリカで船を手に入れ、計画を進めた。今回の計画に真正面から反対したのが妻の幸子さんだった。以後何回となく説得を試みたが、結局、最後まで了解を得られないまま、見切り発車で僕はアメリカに渡ったのだった。

英語もままならぬ老人二人がアメリカで船を買い、日本に帰るまで4カ月以上かかる。この計画の費用など、北村家の財務大臣を敵に回して満足できる準備ができるわけがなかった。妻の理解を得なかった罰を、しっかりと受けながらの航海であった。

退職後しばらく革靴は履いてないし、スーツも久しく着ていない。男として社会から求められなくなって何年経つかな。緊張のない毎日。厳しさより優しさと居心地最優先が僕の役目。家でも会社でも、リーダーではなくなった自分に気づくのが遅すぎた。

最近、極端に友達が少なくなった気がする。出入りする場所が変わると、自然と知り合いに会う機会が少なくなる。スーツで「ステーキハウス」から普段着で「焼肉屋」、商談相手と「高級割烹」から孫と「回転寿司」へと行く店が変わった。不器用な僕は。そんな環境の変化をうまく乗り切れない。新天地を開拓する努力が足りなかった。結局すべて変化に順応できない自分から始まっていることなのに、心が不安定になる理由を他人のせいにしていた。甘いな。

日付変更線は無事越えた。9000海里の超長距離を走り切って、僕の中にあるどうでもいいようなこだわりも含め、自分を全部リセットしたかった。他人から見れば、それこそどうでもいいことだが、僕は前を向いて太平洋を走る。走り切った後は、居酒屋で酒を飲み、回転寿司で寿司を食う普通の爺さんに戻ればいい。

日本に帰ったら今後は妻・幸子さんを最優先の生活にしたいと思った。僕は生涯の楽しみを先取りしてしまったのだから、あとはできるだけ妻には負担をかけないように生きるつもりだ。せっかく新しい家で暮らすことになったのだし、妻が好きなように人生を楽しんでくれると僕も嬉しい。

今思えば無謀な計画

アメリカで船を購入し、太平洋を回航して日本まで帰ってくるという今回の計画は、正直、無謀と言われてもしかたないぐらい準備不足だった。当然のように僕たちは多くの失敗をしていた。海図がない、工具が足りない、ライフラフトもない、予備燃料のための増設タンクがない、食糧が足りない、娯楽がない、衣料品、医薬品、ロープも足りない……ないもの尽くしだった。

それでも、マジュロまでは概ね順調に来ていた。太平洋を渡るような人は皆、用意周到で、たくさんの物を船に積み込んでいる。出航してからあちこちで会った人たちから、僕は潮汐表、カナダの海図、マーシャル諸島の情報、ミクロネシアの情報などもらったが、僕たちの準備不足は経験より、予算不足が大きな原因であった。

予算の立て方にも反省すべきところがある。大雑把な見通しでの燃料費予算、ボート購入や燃料、装備など、購入行為のすべての場面に伴う消費税も予算なし、修理予算も想定してないなど、たびたびの大きな出費で妻を悩まし続けていた。

あまりにも、知らないことが多すぎた。何においても完璧にできたことはなかったが、今回は勝手の違う異国ということもあって、特に失敗が多かったようだ。文化の違いということもあるだろうが、一番の問題は、僕たちの英語でのコミュニケーション能力だった。正確な会話ができないことによって、たくさんの失敗を重ねた。海外に出るには、事前にもう少し準備しなければだめだと言う前に、まずは基本英語が理解できるようしないとだめだ。僕たちはスタートから間違っていた。中途半端なデキル男のふりはかえって見苦しかった。

頑張っているつもりだ。海図はすべてｉＰａｄに入っていた。バックアップはパソコンで世界の海図をダウンロードしてあり、それなりに走る準備はできている。しかし直接航海に使うＧＰＳはアメリカ仕様のままで使っていたためパソコン内の海図の詳細図は表示されず、画面は大まかな大陸の輪郭しか映らなかった。数字で表示される緯度経度などは正確に表示できるため、僕たちは緯度経度を頼りに大航海時代さながらアナログな航海をしていた。こんな状況で９０００海里を航海する僕たちは結構タフでワイルドな老人だ。

僕らはアメリカ・ワシントン州のアナコルテスからさっさと出航すればいいのに、なぜかふん切りがつかずいつまでも船をいじっていた。５月のカナダはまだ気温も低く、お天気も中々回復せず、空は鉛色の雲が覆いつくしていた。青空が見えるようになったらカナダに行こうと思っていた。アナコルテスを出たら、最初にカナダまで走り、船に慣れてから太平洋に出たいと考えていた。

カナダに行くなら、絶対プリンセスルイーザに行くべき、という人が多かった。面白いことにそういうことだけはなんとか英語で会話して理解できた。でも、実際にどの場所に入港するのかとか、連絡先の電話番号、潮の流れの方向、干満時間など、航海に必要な情報はなにも理解できていなかった。

僕たちはアナコルテスを出て、カナダのプリンセスルイーザをクルージングしてからシドニー、ビクトリアを経てアメリカ西海岸を南下してサンフランシスコまで行く予定だった。

僕たちは出入国手続きや税関の場所などもわからないままアナコルテスで船の整備などで時間を使っていた。日本語が通じるなら、行った先で尋ねれば何とかなるが、僕たちの幼児レベルの英語力では聞き方すらわかない。出入国や税関手続きをちゃんと理解していなかったために、アメリカから出国するのが遅くなったこともあった。

多分、これがしっかりできていたら、わざわざ税関に出向いて、払わなくてよかった大金を請求されるというアホなこともなかった。アメリカとカナダは特別で、入国さえすれば出て行くのは自由、カナダを航海しても手続き上はアメリカにいることになっていて、カナダからアメリカに戻った際の入国手続きもいらない、ということはあとで知った……。

マジュロは目前

マーシャル諸島マジュロまでくれば、僕の中では、小笠原まで手が届く所まで来た、という感じだった。マジュロからミクロネシア諸島までは距離も短く、その先は北マリアナ諸島サイパンやグアムなど、いずれも距離が短くなり燃料の心配が少なくなる。この先は台風の危険が大きくなり、台風の卵がゴロゴロ発生する海域を走ることになるが。

気持ちを切り替えて、回航中は南太平洋の美しい絵ハガキのような景色を楽しみたいと思う。せっかくホンダの30馬力船外機付きインフレータブルテンダー（ゴムボート）も積んであるのだから。これを下ろして、ビキニ環礁のさらに南に位置するマーシャル諸島の首都マジュロを探検してみたい。北緯6度まで南下した。ここまで来たら「せっかくだから赤道を越えてから帰ろう」なんて思うところだけど、すっかり元気のなくなった二人は無理せず、計画どおりゆっくり走ることにしていた。

7月19日14時、ハワイからの走破距離1455海里、連続240時間走った。燃料消費は毎時2・1ガロン、残量440ガロン、計測値で370ガロンちょっと。誤差が気になる。

7月20日0時ワッチ交代。ハワイからの走破距離1521海里、連続250時間航行中、平均船速6ノット。

14時の計測では連続航行11日間（264時間）、走破距離1614海里、平均船速6・1ノット。

7月21日0時ワッチ交代。走破距離1681海里、連続274時間航行、平均船速は変わらず6・1ノット。

7月21日6時ワッチ交代。距離1722海里、連続280時間航行、平均船速は変わらず。天候は雨、風が57ノット（風速約30メートル）と台風並みの大時化となる。大きな波浪、空を走る稲妻……すべて揃った大嵐が2時間続いた。恐ろしい。ここ3日ほど天候はよくない。マジュロ到着まであと2日を残すのみ。どうか穏やかな海に戻ってほしい。

9時、燃料確認。270ガロン残っていた。あと40時間かかるとして、確実にマジュロに到着できるが、このままの速度で走ると、到着が23日の真夜中となるため、船速を6ノットに落として、明るくなる朝8時に入港したいと思う。GPSの時計表示をマジュロ時間に合わせた。だんだん日本に近くなる感じがしてきた。

冷蔵庫内の隙間が多くなっていた。何とかマジュロまで食いつながないといけない。ガスが使えないので、お湯も電子レンジで沸かすなど不便していた。烏龍茶が飲みたい、牛乳もいいな、たまにジュースもほしい。甘い物は全部なくなった。最後にわずかに残っていた羊羹を紙のように薄くスライスし、味わいながら食べて終わり。

残っているのはパックご飯3個、どん兵衛1個、豆腐1丁、缶詰少々、玉子2個、ベーコン1切れ、カレー3個、クラッカー少し、ソーメン3束。これだけあれば、数日の間に大人2人が飢え死にすることはない。ミネラルウォーターとビールはまだたくさん残っていた。ビールを飲むくらい気持ちに余裕を持たないといけない。

夕方、暮れ行く異国の海を眺めなら、ふと思った。自宅の冷蔵庫内は宝の山だった。たくさんの食材が隙間なく詰めてあるのだから。それに比べ今のこの船の冷蔵庫内は寂しいものだ。そのせいか、冷蔵庫内はキンキンに冷えている、冷たいバトワイザーと少量の食材がいつも僕たちを待っていた。

船で何食べたかな。カレー、納豆、豆腐、サバ缶、イワシ缶、サンマ缶、ツナ缶、玉子、ベーコン、ハム、どん兵衛、サッポロ一番、うどん、クラッカー……。健ちゃんはこの現状をよく我慢していた。このレグでは一日実質2食で耐えている二人だが、揺れる船内では火を使わないレトルト食品しか食べるものがなかった。

まずくても食べないと身体が持たないから、何でも口に入る物はよく噛んで完食していた。マジュロでは食料をたくさん買って、味にもこだわってみよう。贅沢はできないけど、気持ちの問題だ。船の操船には自信もあるが、料理については英語と同様まるでだめな僕だった。このこともこの航海の泣き所の一つだった。

ゲストバースから異様な匂いがする。見に行くと「ウワッ！」部屋の中がゴミ屋敷になっていた。ポリ容器やポリ袋、食べ残した食材などが、ベッドや床に散乱していた。健ちゃんは安易にゴミなどは海上に捨てないという固いポリシーを持つ、環境に優しい誇り高いシーマンである。自分のゴミを捨てることができず、自分の部屋に貯め込んでしまっていた。

キャビンの中はムンムンする暑さに加え、ハワイと違いとても湿度が高かった。当然、耐えられない悪環境に悩まされることになった二人だった。この海域は日本の夏と似てとても蒸し暑い。この船はアメリカ西海岸の北部生まれだけあって、冬の寒さ対策は万全だったけど、暑さに対する配慮はなかった、まずエアコンがない。気温や湿度の高い海域を航行中に時化られれば窓は開けられないので、キャビン内は蒸し風呂と化した。ほかは言うことなしのしっかりした船だったので我慢するしかない。

実はマジュロでの心配事が一つあった。マジュロではクレジットカードが使えないらしいのだ。ところが、この時点での僕たちの手持ちの現金は非常に少なくなっており、あと数千ドルとお寒い懐になっていた。予定外の船の修理や手続き上の手違いなどで多額の出費をしたため、現金が予想外に減ってしまっていた。燃料代などの高額な支払いはカードで支払おうと考えていたが、太平洋の離島ではカードも簡単には使えないと知った。でも、カードが使えないと燃料の代金を支払うことができない……。

弧を描く水平線を見つめながら地球が丸いという真理を実感しながら走った。ハワイを出てから３回船とすれ違った。たった３回である。この広い海に僕たちのほかに誰もいないことを思い知る。

マジュロ到着、離島の不便さに困惑

２０１３年７月22日０時にワッチを健ちゃんと交代。マジュロの時間では22時になる。今まで走った距離は１８６７海里（約３４００キロ）、連続航行時３０４時間（約12日間）となり、平均船速は６・１ノット、燃料の残量は実測で２２０ガロン残していた。スタビライザーの嫌な振動は、相変わらず止まらない。日本に帰ったら、すぐに修理・調整できる所を探さなければ。再修理が必要だった。今までも、これからの航海でも、一番気になる箇所だ。

７月23日、マーシャル諸島時間の15時、「海音」はＶＨＦ無線でマジュロの税関に呼びかけてみた。が、まったく応答なし。とりあえず、入国方法は入港してから考えることにした。15時を過ぎると猛烈なスコールに襲われた。風が急に吹き上がり54ノット（風速30メートル）まで吹き、大粒の雨も降ってきた。でも、１時間もしたら元の天気に戻った。さっきの嵐は何やったんや。

16時30分、翌日の朝に島にアプローチできる地点に到着できるよう、船の速度を調整しながら走っていた。あと一晩頑張れば、マジュロが見えるはずだった。食料はカップ麺を含めて全部食べ尽くしていた。

７月24日夜明け、曇り。前方にうっすらと小さな島々が見えるようになっていた。マジュロ到着だ。小

マーシャル諸島・マジュロ

さな岩礁が点々とネックレスのように丸く連なっている不思議な場所だ。「海音」はマジュロの港に入るため、岩礁の間の狭い水路を注意深く進んだ。マジュロの港に行くには、この岩礁海域の中でたった2カ所しかない水路を見つけなければならなかった。

水路を慎重に最奥まで進むと、アンカリング場所に到着した。マジュロには世界でも有数のサンゴ礁があるため、むやみに錨を下ろすことができない。指定された係留ブイに船を留めなければならない。8時54分、「海音」は無事アンカーリングブイを拾い、沖留めすることができた。

マジュロは、貨物船など荷物の積み下ろしなどする船以外は、岸壁に係留することができないルールだった。そのほかの船はすべて沖止めになるため、陸に上がるにはテンダーが必要だった。

僕たちは早速、「海音」に積み込んでいたテンダーを下して、陸と往復する足にした。

僕たちを待っていてくれたのはＪＩＣＡ（海外青年協力隊）でマジュロに来ていた日本人職員の方だった。入国手続きをサポートするため、わざわざ税関まで来てくれていた。僕たちはできるだけ早く給油を済ませて出発したいと思っていたが、現金不足の問題があり、給油がスムースにいかない可能性を考えると、マジュロ出発までは少し時間がかかりそうだった。

プロパンガスの充填をしてもらいに行くが、バルブの口が合わず断念。ボンベに残っているガスを大事に使いながら日本まで持たすことにした。

マジュロにも大きなマーケットがあり、思ったより商品は揃っていた。次の寄港地、ポンペイ（ポナペ）までの食材を買わないといけなかった。ここから先は冷凍庫をうまく使いこなしていくつもりだ。

マジュロには水道がなかった。普段は雨水を使う習慣があるが、飲み水としては使えないので、ハワイから送られてくるミネラルウォーターが飲み水として使われていた。

クレジットカードはやはり使えず、現金のドルしか使えなかった。燃料も交渉したが、通常は現金でしか売らないとのことだった。ＪＩＣＡの職員に交渉してもらい、今回特別にカード決済で給油してもらえることになり、給油できる日時を連絡してもらえることになった。

今回、アメリカでボートを購入し、回航するに当たって、想定以上にお金を使ってしまった。一番辛かったのが、余分な州税の支払いをすることになったことだ。出国前なら何とかできたが、僕たちはすでにアメリカに来ていたため手持ちのお金で工面するしかなかったのだ。いろいろあるが、すべてが僕の後始末の悪さからくる結果である。大切なことは最後までしっかり確認しないとダメだ。書類にサインし忘れたなんて、人に言える失敗ではない。うっかりミスで想定外の貧乏生活をすることになった。

こんな初歩的な手続きミスなど妻に話せるわけもなく、今回もまた妻に大いに心配をかけることになった。僕にはこれが一番辛い。立場が逆だったらけっこうイラつくはずだ。

マジュロにも親切な海の男がいた。ヨットで太平洋の島々を何年もクルージングしている最中で、泊地に時折やってくる外来のボートやヨットの面倒を見ながらマジュロの海の生活を楽しんでいるとのこと。今回も、「海音」の入国手配をイミグレーションに頼んだり、JICAの日本人スタッフに連絡してカスタムにまで連れて行ってくれたりと、親切にサポートしてくれた。

18時、ホテルのレストランで久しぶりの外食を楽しんだ。チキンを頼んで出てきたのは大きな皿にでんと鎮座しているニワトリ丸々一羽！　見ただけでお腹がふくれた。これもお国柄と驚きながら美味しくいただいた。

夕食後は船に戻って、不具合の可能性があるガスレンジの修理を試みたが、原因がわからない。翌日もう一度チャレンジすることにした。

7月25日、曇り。朝からマジュロの街の観光を兼ねて探索に出たが、帰りに風が急に上がり、スコールにつかまってしまった。僕も健ちゃんも濡れネズミとなった。「水も滴るいい老人」となり、船に帰った。午後、ホテルのロビーで5ドル払ってインターネット通信をした。不便を感じたものの、そんなものかとも思った。というのは、現地の人の生活では我々のようにあくせく誰かと通信する必要がなく、インターネットも日常あまり必要ないから当然だろう。

プロパンガス・ボンベの不具合は、どうもセンサーに問題あることがわかった。部品があればすぐ取り替えればいいのだが、離島にいる僕たちには簡単に部品は手に入らない。便利な装置だけど、マジュロのような離島で壊れると、部品が手に入らないので修理ができない。海では思っても見なかった個所が故障する。健ちゃんの提案で壊れた電磁弁を取り外し、ガスホースを直結することでコンロまでガスを引いてみると、これがうまくいった。おかえり、ガスコンロ。

マジュロでの給水はできなかったが、まだタンクには清水が充分すぎるぐらいあったし、造水器を使うこともできたので、一度洗濯機も使うことにする。

給油さえ済めば、「海音」はいつでも出港できる。とくに急ぐ理由もないのだが、予算を使い果たし、わずかなお金しか残っていない僕たちは、できるだけ日程を詰めないと食費がかさんでしまい、大ピンチになりそうだった。まだこれから30日間は走らなければならなかった。途中、ミクロネシア、サイパン、グアム、小笠原諸島など何カ所かに寄港し、給油したり、食料の補給や時には観光したりもしたかったた。それだけ費用も膨らむ。

ロングクルージングするならヨット

マジュロに何隻もいたロングクルージング中のヨットの連中は、何カ月もここに船を泊めて、そこで生活していた。奥さんが陸上のどこかで働き、旦那は船でメンテに忙しそうにしている。ここが飽きたら、また別の島に行くのだろう。

夫婦でクルージングしている船が多い。大きなヨットに生活用品一式を積み込んでいて、一日何回も小さなテンダーで陸まで通っていた。この光景がなかなか素敵であった。奥さんが船首の舫いロープ1本を頼りにテンダー前部に踏ん張って立ち、旦那は後ろで操船する。映画「崖の上のポニョ」の世界にいるようで、海を走る姿が格好良い。

ハワイで泳いで、マーシャルでスノーケリング、ポンペイで水路の探検などと思っているが、泊地に到着すると走るための準備に追われ、遊ぶ気持ちになかなかなれないことが多かった。1カ所に何カ月も滞在していると、遊ぶ余裕も出るんだろう。

思うようにならないと、すぐイライラする僕の性分はよくない、想定外は当たり前のことなのに。先のことを考えすぎ今この時を楽しむ心の余裕がなくなる。「ケ・セラセラ」、なるようになると居直れる強さも必要だ。いろいろ気になる箇所もあるが、「海音」の主機エンジンはいつも調子よかった。快い排気音を聞かせてくれるだけでもありがたかった。

長い旅に出るに当たって、一冊の本も持たずに出発するほど間抜けなことはない。船の上のありあまる時間を本も読まずに無為に過ごすアホな自分。ハワイで会った人々に「トランプは、ゲームは、本は、DVDは？」と聞かれ、「ない」と答えたら、「ウソだ！」と言って信じてもらえなかった。本当に肝腎なところが抜けている。これも経験、次に活かそうと思っても、次はないだろう。

この航海で会った人は皆、「いい船だ」と言ってくれた。みんなよく船を知っている人だった。でも旅の途中でマジュロに滞在していた船は、すべてセールボートばかり。エンジンで走る船、つまりモータークルーザーはなかった。

南太平洋をクルージングする船にセールボートが多いのは、船の安全性の問題とかよく言われるが、やはり経済性も無視できない問題だろう。「海音」のような小さなモータークルーザーでも、今回太平洋を渡るだけで燃料は５５００ガロン（約2万８１８リットル）は必要で、燃料代はざっと２００万円。また、長距離を走るにはオイルや燃料フィルターなどエンジンのメンテナンス費用が必要になる。これらの経費がいらないヨットは長距離長期のロングクルージングには最適と思う。

二人のマジュロ

自宅に電話したかったが、無理ばっかり頼んでいるので、普通の話がしにくくなっていた。皆元気と思うけど、夏休みで忙しい孫たちがどうしているか気にかかる。孫たちが休みになると、妻の出番が多くなるのは常。ストレスを溜めないようにしてくれているといいのだが。

7月26日金曜日、曇りのち晴れ。朝のスコールですっきりした気分。給油ができないと次の行動ができない。この辺のわずらわしさが、長期クルージングにはモータークルーザーは向かないことにつながる。お金もかかるけど、国内外を問わず離島に立ち寄った場合、船用の給油施設がないことは普通で、陸上のガソリンスタンドからトラックで岸壁まで燃料を運んでもらい、そこから接岸している船に給油することになる。手間もかかるし、多少危険でもある。

携帯電話も使えず、買い物にクレジットカードも利用できず、不便不満いっぱいの僕。次の中継地ポンペイも、当然現金しか通用しない。もちろんドルだ。手持ちの円はいくらかあったが、両替もできず困っていた。

明日、給油できるといいのだが。

この日の午前中、健ちゃんに自分の部屋の片づけをしてもらうことにした。シーツなどを外に出して太陽に当てた。少しはましな環境になった。

僕たちは時間を持て余していた。健ちゃんにもストレスが溜まってきていた。パソコン、カメラ、携帯電話など、すべて故障してしまい、遊び道具がなくなり、船内ですることがなくなったせいか、イライラしていた。電子機器を使う場合、船の生活では塩害に気を付けないといけない。

午後、買い物を兼ねて、通信しに郵便局まで行った。そろそろ2週間分のパンなど仕入れしとかないといけなかった。炊飯器が壊れ、まだプロパンガスも仮修理の状態だ。パン食を前提にマーケットに行くと、驚いたことにパックご飯を売っていた。炊飯器がなくても電子レンジがあれば、チンして食べることができる。これ幸いと僕たちはパックご飯を買い込み、食材の調達を終えた。郵便局でのＷｉＦｉ接続代は1時間5ドル。高いのか安いのか？　使いたい側の価値観の問題か。

予定していた買い物を済ませ、船に戻った。問題のプロパンガスの接続部を点検すると、接続部にあるソレノイドバルブが作動不良だった。応急的にバルブを外し、配管に直接ガスホースをつないだら、ガスが使えるようになった。これでレンジが使える。

燃料は軽油700ガロン（2660リットル）を手配していた。離島は燃料価格が高く、一般にガソリンより軽油のほうが高かった。

7月27日土曜日、晴れ。前日に日付を間違って計算していたことに気付いた。日付変更線を超えて頭が混乱していたようだ。週末はお店も役所も皆休みで、月曜日29日まで待たないと出国できない。週内の出航は取りやめ、次週月曜日に給油ができしだい、出国することにした。

ポンペイまでは5日間の航程でその後は、いよいよ直接日本に向けて走ることができる。計画ではサイパンに寄り、お天気を確認しながら小笠原を目指す。ポンペイから小笠原まで10日間の航程だが、熱帯低気圧がたくさんあって、台風も気がかりな季節である。天候の安定を願った。日本まで給油は、あと2回すれば本土まで届く。

「海音」は停泊中できるだけ船内に風を入れて、船内の湿気をとるようにしていた。熱帯に位置するマジュロの大気はじめじめしていて、元々むさくるしい老人二人の身体にもカビが生えそうだった。僕はいつも清潔を心掛けていた。ハワイから毎朝の洗顔、歯磨き、髭剃りは欠かさず、下着は毎日洗濯して、シャワーも毎夕、しっかりする。

人間誰しも老いていくことは止められない。肉体の衰えはいたしかたないが、磨かれて行くところもあるはず。自慢して、老害をまき散らすことだけはしたくない。と、他人のことはよくわかるが、自分も間違いなく老人の一人であることを忘れないようにしたい。

ここ数日、健ちゃんのストレスがまたピークに達しているようだった。理解はできるが、まだ先は長い。何かよいストレス解消法が見つかるといいのだが。

状況が変わるまで待機することには、だいぶは慣れた。しかし、貧乏生活の毎日はとても辛く、なかなか慣れることができない二人だった。

マジュロの道路はどこも非舗装で凸凹道が続く。スコールが来るとあちこちに水溜まりができ、非常に歩きにくかった。タクシーはすべて乗り合いで、料金は一人75セントぐらい。定額でどこでも行く。乗る時に指で人数分の指を立てたら座席が空いているタクシーが止まってくれるシステムだった。車が走れる道は1本しかないので、降車する場所はわかりやすい。

この日はまだ土曜日で、出航まで明日も明後日も自由な時間があった。マジュロでいろいろ見たい所もあったが、健ちゃんが少しウツ気味で元気がないので、明日、天気が良ければ健ちゃんを誘ってマジュロの島の周りを走ってみようと思い、テンダーにも給油し準備をした。まるで絵葉書に出てくるような景色。雲一つない紺碧の青空、誰もいない真っ白な砂浜をテンダーで巡るだけでも気晴らしになるだろう。

僕の拙い文章力では表現できない美しい海を僕たちは2日間テンダーで走り回った。

ここからポンペイまで約2000キロ、ポンペイから小笠原が約2700キロ、小笠原からホームポートとなる福井まで約2000キロだった。

掃除をして健ちゃんのバースがきれいになってよかったと思ったら、彼は操船室に移動して寝るようになった。部屋が暑くて眠れないらしい。やはり寝るにもある程度の精神力が必要なのかも。サロンの床に寝たり、デッキにボーっとへたり込んだり、サロンのソファにうずくまったり、操舵室のシートに横になったりしている。これからの航海は今までに比べると海域も穏やかで快適な走りが期待できたが、反面、緊張感が切れるのを怖れる僕だった。

7月28日、日曜日、晴れ。また暇な一日が始まる。健ちゃんを誘い買い物に出た。マジュロの町もそろそろ見納めだ。マーケットで最後の買い物をした僕たちだったが、出国の手続きや給油などなど、まだまだやることが沢山あった。シャキッとしなければ。

どうやら健ちゃんは強いホームシックのようだった。立ち直るには時間が必要だ。声に張りがなく、ボソボソしゃべることが多くなっていた。場所が場所だけにここで船を降りるという選択肢はないし、次はポンペイだからよけい難しい。

健ちゃんの悩みは小笠原まで航海する時の天候だった。相当気にしていた。低気圧が発生しやすく、台風も心配のようだったが、今心配してもどうにもならない。目の前に迫ったポンペイまでの5日間の航海に集中することが大切であった。この時季、熱帯低気圧はたくさんできるが、気象情報をしっかり入手していれば危険は避けられる、大丈夫。答えが

美しい島々が浮かぶマジュロ

わからないことで悩むより、今できることをしっかりやればいい。

僕たちは、日本を出るまでは、北回りならアリューシャン列島を走り、ロシア経由で北海道に入る計画で進めていた。その計画に健ちゃんはとても意気込んでいた。それに比べると、ハワイ経由の南周りなんて追い風で楽に行けると考えていたのかもしれない。

現実は彼の予想をはるかに超え、波高4メートルを超えるのは当たり前、風は風速10〜20メートルは常に吹く海域で、身体を支えるのも難しい中、19日間走り続けた。それに耐えたのだから大したものである。

僕も、太陽をいっぱい浴びて健ちゃんとビールを飲みながら、ゆったり航海することを夢見ていたのだが、想定とは大違いの航海に打ちのめされたヘボ船長であった。といって、ここまで来てへこたれたら、格好悪い。船に穴が空いて遭難することはないが、精神的に壊れることで失敗することがないようにしなければ。

7月29日、月曜日、晴れ。7時に起床、朝食はコーンフレーク。うまくはないが腹は膨れる。とりあえず健康第一、よく噛んで腹に入れる。僕は時々ビールを飲む以外は、けっこう規則正しい生活を送っていた。

シャツもパンツも洗濯しシャワーも浴びた。すっきりした気分で早く寝ることにした。マジュロの夜は夜半までは蒸し暑いが、夜中過ぎから急に涼しくなり、毛布を掛けないと風邪を引きそうなくらいまで気温が下がる。朝は8時頃までは涼しく快適で、それ以降はまた、とても暑くなる。風があるので、日中は日陰でたむろしている人々が多かった。

気分転換

マーシャル諸島やミクロネシアはサンゴ礁の上にある国で、高い山もなく海の上にリングのように海面に隆起している島々だ。マジュロの泊地に入るには西側に1カ所ある環礁の切れ目から入る。リングのような形をしている島は内海側が泊地となる。外海に面した所は波が高くて、接岸することができず、アンカリングもできない。

環礁の内側に入る航路はけっこう危険な状況だ。標識はとても見にくく、狭い航路の両側すぐ横はサンゴ礁の浅瀬で、航路を外れると座礁する。夜間の入港はとてもできない。明るい間に肉眼で周囲を確認しながら入港することになる。

いつものことだが、僕は入港時が一番緊張する。この辺の島はたいてい浅瀬に囲まれ水路が狭く、時には速い潮の流れもあり、とても走りにくい。おまけに航路標識を見落とすと即座礁の危険があって、とくにドキドキ緊張している。

サンフランシスコをスタートしてハワイにフィニッシュするヨットレース「トランスパック」が先週末に全艇フィニッシュしたようで、ハワイヨットクラブで盛大にパーティーが行われたようだった。僕たちがハワイを出港する時は、このヨットレース参加艇の受け入れ準備でクラブのメンバーが大忙しだったのを思い出した。

マジュロは美しい景色に囲まれた島だが、住みにくいことは容易に想像できた。この地域は真水が出ないので雨水が生活用水となっていた。野犬が多く、人に噛み付くこともあるみたいだった。

また、マジュロのような、アンカーやブイを使う海上係留の泊地の場合、電源コンセントがあるわけではないので、充電ができない。したがって、船では24時間、発電機を回しっぱなしとなり、余計に燃料を使う。バッテリーを使い過ぎないよう注意しながらの船上生活である。「海音」では夜はすべての電源を落として、発電機を止めるようにしていた。

バウキャビンを掃除して窓全開で風を通した。あとはシーツをクリーニングすれば船内の清掃、整理は完璧だ。シャワーも浴び、あとは寝るだけ。何と単純な生活だろうか。でも、次の航海まで長く休むと、身体がなまって船で走るのがしんどくなるのが困る。身体が順応するまで、出航後2〜3日の間はきついのだ。

次のポンペイまでは5日間の航海を予定していた。僕たちの太平洋横断航海の中では一番短い航程だ。当初の計画ではポンペイの後はチューク、サイパンに寄ってから小笠原、と計画していたが、日程が遅れ気味のためポンペイから直接小笠原に向かうことにした。ポンペイから小笠原までの距離は2800キロ、10日間の航海を予定している。まず燃料の心配はない距離だ。天気回りだけ注意するつもりだ。先のことを考えるより、目の前の（といっても5日かかる）目的地に安全に到着することに集中して走りたい。

7月30日、火曜日、晴れ。7時30分起床、朝食はパン、ジャム、オレンジジュースと冷凍エビ。健ちゃんは精神的にまいっていた。「気が狂いそう、ブタ箱のほうがましだ」と言い出す。ブタ箱に入ったこともないのに。まあ気持ちは理解できる。でも落ち込んでいたら、悪い「運」が付いてくる。

この日は朝から静水ポンプの修理。この機械はよく故障する。これで2回目だった。ポンプを外す作業中に自然に直ってしまった。多分、どこかでエアー噛みが起こっていたようだ。

プロパンガス不調の原因は、僕の組み付けミスだった。やり直したらプロパンガスは復活した。何でも確認が大切だ。普通はガスに火がつかないと、ガスがなくなったボンベを交換するが、今回はその思い込みが災いして、ガス切れにこだわり不具合個所の特定が遅れてしまった。こういうことがだめなんだ、僕たちは。トラブルの原因は一つではないことが多い。思い込みが解決を難しくすることを肝に銘じた。

午後は泊地の世話役であるキャリーさんに教えてもらった、ラグーンの中で一番素晴らしいという所まで、健ちゃんとテンダーでミニクルージングに出かけた。環礁は遠くからだと一つ一つの小島が独立しているように見えるが、近づくとそれぞれ大きなサンゴ礁でつながっていて、テンダーでも通り抜けることはできなかった。

エメラルドグリーン、濃紺、スカイブルー、ホワイトなど美しい色が虹のように輝きながら広がる海の色、真っ白な砂浜の前に広がる明るい海と珊瑚礁と、まるでトロピカルな海を舞台にした映画のようだった。砂浜にテンダーを乗り付け、健ちゃんが調達したランチを頬張りながら休憩した。その後、写真を撮りながらのんびり泊地に帰った。

街のホテルのロビーでメールを確認してから船に戻ったのは15時。この時、テンダーの燃料計メーターが動かなくなっていることに気づいた。これも修理しないといけない。電気周りの接触不良だろう。いつも何かが壊れている。長い航海だからしかたがない。完璧に行かないところが、緊張感があり、面白いところでもある。

「海音」の後ろに停泊していたトライマラン（三胴船）ヨットが出航準備なのだろう、テンダーの固定作業をしていた。夕方、「海音」のそばの海面で大きなエイがジャンプしていた。泊地でこんなことは珍しかった。

7月31日、水曜日、晴れ。7時に起床すると、健ちゃんがすでに、給油するための準備作業を始めていた。フェンダーも調整して準備万端だ。彼もやはり、少しでも早く給油を済ませたいという気持ちが強く出ていた。

マジュロの日中はとても暑かった。太陽が痛く感じるくらい日差しは強かったが、日陰に入ると冷たい風が通り快適だった。暑い国ではあるが、窓を開放しておけばクーラーはいらない。夜も肌寒く感じるぐらいで、とても寝やすかった。

マジュロの泊地は岸壁がない。だから、船はすべて海上係留、陸と往復する小さな足船が頻繁に行き来している。朝から大型の漁船、貨物船が入って来ていた。漁船は中国の船が多かった。たくさんの網をデッキいっぱいに積んで、母港を遠く離れて漁をしている。少し前までは日本のマグロ漁船も多く来ていたそうだ。

マジュロでの最後の買い物。食材を買い足しておく必要があった。飲み水はミネラルウォーターを買って追加することにした。24本入りでハワイの2倍くらいの値段だった。

その前に朝から舵の舵角を調整した。どうも5度ぐらいセンターがずれているようだった。潜ってラダー位置を確認しながら調整作業し、10時には一応完了した。

11時、前日行けなかったラグーン巡りに再度出かけた。健ちゃんは前日の落ち込みから立ち直って元気になっていた。前日に短パンのままテンダーで走り回ったため、日焼けしすぎて肌がヒリヒリしていた。紫外線が強い日差しが老人のしわ肌を焦がしていた。

8月1日木曜日、晴れ、7時起床。連日のラグーン巡りで日焼けした肌が痛くて寝にくかった。特に膝と腕がひどかった。年寄りの肌は小麦色には程遠く、ぼろぼろになっていた。

燃料の給油が少し心配になっていた。もどかしい時間が過ぎていく。正確な情報がなかなか入ってこない。英語ができないと、現地の状況も情報も、入手するのに時間がかかる。そのためいつも気持ちに余裕がなくなる。

テンダーの船外機のオイルも確認。これで船外機は大丈夫。ＧＰＳで次の寄港地ポンペイまでの航路を設定。緯度、経度で12個のウェイポイントを入力した。あとは出発後、オートパイロットにそれらを認識させ自動操縦に切り替えれば、５日後には１５００キロ先のポンペイ（ポナペ）に到着するはずだ。些細なことだが、テレビの取り付け位置を変えるのに半日かかってしまった。

明日の出国のため、健ちゃんが役所まで出国手続きの方法などを聞きに行った。携帯ＶＨＦを持って出掛けたのだが、ＶＨＦのスイッチを入れ忘れていて、僕と通信ができなかった。結局、必要な情報を伝えられずに市役所で手続きできないまま帰ってきた。

しかたなく、午後から僕も一緒に再び役所に出向いて、役所の職員の指示通り書類を作り、手数料を払い手続きを完了することができた。僕たちもあまりよく理解できていなかったのだが、Ａ４判の紙に搭乗員の名前を書き、後は向こうから出された用紙にサインをして、船の係留代を支払って終わった。

送金が止まっている？

手持ちの日本円がいくらかあった。これをドルに交換できないか確認することにした。これが可能なら、ドル不足が幾分解消される。

８月２日、金曜日、晴れ、６時30分起床。

９時半になるのを待って、キャリーさんと合流し、一緒に銀行に行って、両替ができないか交渉したが、うまくいかなかった。

マジュロに船で来ている連中はほとんどが数カ月単位で停泊していた。マジュロに飽きるまでのんびり暮らしていた。キャリーさん夫婦も、ここで暮らして数年になる。クルージングしている人たちは皆、パートナー同伴で、アルバイトをしながらの生活をしていた。

「海音」の後ろに停泊しているヨットのカップルは、前日から船を留守にしていた。アメリカ人の夫婦のようだったが、マジュロにはハワイ、グアムから飛行機が飛んでいるので、アメリカの自宅にいったん帰国したのかもしれない。

僕たちは日程が遅れること自体はあまり気にならなかったが、サイパン島周辺の天気が安定しているうちに走りたいとは思っていた。夏後半になると大型台風発生の危険が高まり、航海計画の調整が難しくなるからだ。最低10日間は、安定した天気が続きそうな日程を選びたいのだが、出航が遅れるとこれが難しくなる。今の日程で走ると、小笠原到着が8月後半ぐらいになるため、グアム、サイパン周辺の天気がとても気になっていた。

粘った結果、銀行で両替をすることができた。半日以上時間がかかったが、最後は、「お金のことは銀行が一番」だった。僕は貴重な経験をした。

日本円をやっとドルに交換することができたので、次の給油地ポンペイへも安心して行ける。すでにマジュロでの給油は、カードで決済できるよう交渉ができていた。

その給油で問題が発生した。給油車両が小さいため一度に済ますことができず、数回に分け給油することになり、給油は13時30分に始まったのだが、タンクを満タンにして終わったのが18時。

ここまでは単に給油の手際の問題だったが、それに加えて、支払いで大問題が発生したのだ。支払いのために提出した僕のクレジットカードが、「ピ」という音と共にエラーになるのだ。店員が数回やり直すが、何回やってもエラーが出てしまう。カードが反応しない時間だけがどんどん過ぎていった。

付き添ってくれていたＪＩＣＡの女性職員が「自分のカードをお貸しします」と申し出てくれた。地獄に仏であった。とりあえず彼女のカードを入れてみると、なんとすんなり支払いができた。高額なお金を、見ず知らずの僕に貸してくれたことに感謝しかなかった。とりあえず燃料代の決済を済ませることができた。

借りたカードでの支払いが終わったのが20時！　提出済みの出国届では「海音」の出国は15時までにすることになっていたが、当然、間に合わなかった。イミグレーションの職員が出国の催促に来たが、缶ビール1個で見逃してもらい、翌日早朝に出航することになった。

第4章

マジュロ～ポンペイ、熱帯の航海

未明のマジュロ出航

8月3日となった。僕たちは前日の15時に出国する旨、届けを出していた。時間過ぎても出国しない僕たちを見咎めた担当役人が船まで来て、早く出るよう促された。出発できないなら、今すぐ手続きをやり直し、書類を出し直せと言われた。給油に手間取ってしまい、時間内に出国できなかった。今更出国手続きをやり直すのも面倒なので、駄目元で、缶ビール1個持って、もう少し待ってくれるように交渉すると……ビールが効いたのか係官は何も言わずに帰って行った。

桟橋にいた人たちが「この桟橋は夜明けまでなら空けておくので、夜明け前にそっと出航しろ」と言ってくれたので、お言葉に甘えることにした。なんと優しい人々か。支払いなどで大混乱の給油作業のすべてが終わったのは20時だった。夜間の出港は航路の狭いここでは非常に危険なことなので、絶対避けたかった。僕たちは覚悟を決めて翌朝早くに出港することにした。

日の出まではまだ時間がある朝5時、あたりはまだ暗い。空には雲が多く天気はよくなかったが、マジュロを出航した。次の寄港地はポンペイだ。低速で真っ暗な海に出て、目を皿のようにして航路を探す。夜明け前のサンゴ礁のど真ん中の薄暗い海を、手探り状態でノロノロ進む。すり足で前に進むといった感じである。

外海に出た。日程は少し遅れ気味だったが、ポンペイに8月8日に到着できればいい。積乱雲が多く発生しているのが目視できたので、突風に注意しながら走った。

イルカの群れが僕たちを見送りに来てくれた。数十頭のイルカたちが前から横からと元気に飛び跳ね、僕たちを元気付けてくれた。

8月3日12時、自宅に衛星電話で電話をかけたが、うまくつながらない。手持ちのドルが少なく、クレジットカードも使いづらく、いろいろ苦労したが、結局は銀行で手持ちの円を両替することで解決できた。今回は週末を挟んでいたので、予定していた出航日には間に合わなかったが、僕たちはせっかちな割には行動が遅い。早め早めの準備が気持ちにも余裕を持たすのだが、この歳になっても反省することが多かった。

マジュロでとくにお世話になった二人。ヨッティーのキャリーさんとJICAの木下さん

マジュロではＪＩＣＡの女性職員の木下アサミさんのカードを借りて決済することができて救われた。何とも格好の悪い結末になった。グアム銀行で両替1ＵＳドル＝１０８円となり半日がかりの両替作業となった。燃料給油も、途中で燃料の在庫がなくなるなど大混乱の中、満タンにするまでに延べ8時間もかかり、今までで一番緊張する作業となった。終わったのは夜（20時）になってからだった。

後でわかったことだが、クレジットカード会社が滅多にないマジュロでの高額な決済のため、使用したカードが盗難カードかもしれないと疑いを抱き、カード会社が支払いを止めたようだった……何ともしがたいトラブルだった。クレジットカードを貸してくれたＪＩＣＡ木下さんの実家まで、使った燃料代をすぐに送金させてもらった。

朝から何回もスコールが来た。ザーと降ってすぐ上がるが、そのたびに窓を締め切るので、船内はとても蒸し暑く、匂いもこもって大変だった。健ちゃんはスコールでシャワーしたいようでスコールが来るとスッポンポンでデッキに飛び出して行った。

暑く穏やかな航海

8月4日、快晴。暑い。風がなかったのでとても蒸し暑かった。大きな積乱雲があちこちにあった。スコールはいいのだけど、同時に突風が吹くので怖い。強い時には瞬間風速25メートルぐらいまで吹き上がる。

この海域は潮の関係なのか、船速が上がらなかった。予定では6ノットの速度を期待していたが、実際は5ノット前後と、遅かった。5日間の航行予定が1日延びそうだ。グアム周辺の天気が気にかかる。

8月5日、快晴。それにしてもJICAの日本人職員はよく燃料費を立て替えてくれたものである。割高な燃料代40万円以上のお金を、見ず知らずの何の保証もない僕に「よかったら私のカードを使ってください」と立て替えてくれたのだから。無事マジュロを出発することができたのは彼女のおかげだ。僕たちの英語力を心配してくれた彼女は、ポンペイのJICAの同僚に、「そちらにボートで行く日本人がいるからサポートをしてほしい」という連絡も入れてくれた。

アメリカを出てから一番穏やかな海を走っていた。このまま日本に行けたら最高なんだけど……。真っ暗な海を見ながら走っていると、突然海の底に引きずり込まれていくような錯覚をする時があった。計器盤を照らす薄暗い照明以外は何も見えないキャビンで、「海が前方で途切れていたらどないなるんやろ」などとバカなことも考えてしまう。

今回の航海で健ちゃんも僕も、人生を振り返る時間がたっぷりあった。これからの人生にこの貴重な経験を大事にして生きていきたいね。

夜起きて外の音を聞いていると、排気管から出る「コロコロコロ」と心地よい音に、船体が波を切る「サー」という音が混じる。共に心地よい響きだった。これが、仮眠のため横になると、機械の振動が混じって大雨が降っているような「ザー」という音になり、思わず外を見ることがあったが、このエンジンはよく頑張っていた。僕と走り出してすでに1万キロ。とても調子が良く、これまで何のトラブルもない。音も軽やかで気持ちがいい。煙突のように高く空に伸びた排気管が、頼もしく見えた。

航海中、マーシャル諸島やミクロネシアでは水は補給できないため、造水器で海水を真水に変えて補給していた。飲んでみると、何となく塩分が残っているような感じがするのは気のせいか。

何度も繰り返しやってきた3時間おきのワッチ交代は、いつまでたっても辛かった。眠くなればワッチオフに昼寝すればいいのだが、なぜかそれもできずに夜になると眠くなる、

8月5日13時、天気予報の定時連絡。ポンペイの先に熱帯低気圧の卵ができかけていた。北緯10度より北の海域は警戒が必要だ。大きくなって台風になるのが怖い。赤ちゃんのままでいてほしい。

ポンペイまでの海域は穏やかだったため、気が緩みがちだった。最後の難関である北マリアナ諸島(グアム、サイパン)近海の低気圧がとても気になっていた。10日間の航程中、避難できるのはサイパンぐらいしかないのだから。

僕たちの気持ちはもう小笠原に飛んでいた。通信も言葉も日本語で済むのがいい。気になる問題は「入国手続きがどうなるか」だった。この船はアメリカで船籍登録していた。そのため、入港できる港が制限されていた。しかし、寄港地として予定していた小笠原父島二見港は不開港のため、正式には事前に入国申請を出し許可の出た船しか入国を認められない港だった。

入道雲に囲まれて

8月6日、晴れ。大きな積乱雲がキノコのお化けのように「海音」の周りに生えてきた。積乱雲の下に入ると大雨と突風が吹き荒れているが、スコールが波頭を叩くので尖った波にならず、比較的走りやすい。

僕たちは取り付けてあるテレビの位置を付け替えたり、配線を直したりと、いろいろ仕事を作り時間を使っていた。衛星放送やオーディオの配線がアメリカ仕様だったので、日本で使えるように取説を見ながらセットし直している。

毎度のことだが、清水の出が悪くなってきた。またエアーをかんだようだった。原因を探して修理しないといけないが、エアーをかむ場所がなかなかわからない。

この船「海音」は設備が充実している反面、取り付けや配線が非常に複雑で理解するのに時間を要する。100ボルト電源はインバーターですべて供給され、洗濯機や造水器などは別の回路で配線されている。主機のエンジンには大きなオルタネーターが2個も付いている。

また、ジェネレーターからも配線されていて、電気周りの切り替えも複雑になっていた。電気を使う際には、何の不便もなく非常に便利にできていたが、故障した時の対処法などは理解しておく必要があった。いまだに配電盤のスイッチで、わからないものが3つあった。

ワッチ交代時刻は0時、3時、6時といった3時間毎。今回のワッチで今までと大きく違うのは、マジュロまでは交代時には必ず燃料の残量をお互い報告確認していたが、マジュロを出てポンペイまでの航海では燃料に気を使わず走れたので。消費量の確認を計器で見ながら走るだけの、通常の走り方に切り替えていた。

ハワイまでの航海では、燃料の残量は100ガロン（約379リットル）を切ってしまい、最終的には300リットルしか残らなかったというきわどい結果だった。マジュロまでの航海では200ガロン（約700リットル）を残して到着と、計算通りの結果だったが、これはお天気の神様が年老いた老人に優しくしてくれたおかげだと思っている。

あとはポンペイから日本に向けて走るコースだが、ここは燃料に関しては若干余裕があったが、天候が一番気になる海域でもあった。熱帯低気圧ができやすく、この季節は発達して台風になることが多いからだ。ここを乗り切ると、ひとまず安心できる。

マジュロでサポートしてもらったＪＩＣＡの木下アサミさんから、ポンペイに連絡してもらいポンペイのＪＩＣＡ日本人のスタッフ、仲誠一さんを紹介してもらっていた。あらかじめパスポートの写しを送って、到着と同時に入国手続きなどしてもらえるように連絡してもらっていた。

前日までは滑るように走っていた「海音」だったが、この日は少し波も高くなり、ゆっくりローリングしながら走るようになった。水平線の上に積乱雲の小さな頭がいたるところで見えていた。青い空、白い雲、灰色の雲、黒い雲、そして紺碧の海。そんな世界で僕の小さなグレーの船が静かに波をかき分けながら走る。１日２００キロ休まず進めば、６日目の朝には目指す島が目の前に現れるはずだった。

適当に使っている温水器のシステムを確認しようとしたが、わからなかった。エンジン冷却水から配管されているものと電気ヒーターを介したものとの２系統あるようだった。帰るまでに調べておく必要がある。清水の調子も悪く、トイレのバキュームポンプも少し調子が悪い。やることが多くなってきた。取説がすべて英語のため苦労していた。装備されている機器は全部説明書があったので、その気になって英語に立ち向かえば何とかなるだろう。

ＧＰＳモニターの電子海図などはアメリカ北部以外の詳細ものはなく、アメリカ仕様のため日本の海図情報が入ったメモリーカードは認識しなかった。目的地までは緯度軽度を入力して使っていた。

いっぽう、バックアップでｉＰａｄに入れていた海図情報が役に立っていた。走る前に詳細な位置情報で目標地点の緯度と経度書き出し、それをＧＰＳに手入力し、最後にオートパイロットに認識させて

巨大な積乱雲。その下に猛烈な雨が降っているのが目視できる

スタートすると、ほぼ正確に目的地までは走れた。地図情報のない港にＧＰＳで入るのは危険だから、ｉＰａｄで確認しながら入港した。これがけっこううまくいった。大きな障害物はレーダーで確認できた。今回、僕たちは紙の海図を持たなかったが、でも、基本的に海図は必ず持たないといけない。僕たちのやり方は決して自慢できることではないことは自覚している。

やってみて実感したが、ライフラフトを持たない長距離航海は精神的に厳しい。それがあれば必ず助かるというものではないが、横倒しになっても起き上がることができるセーリングクルーザーなら、船内に浸水してこないかぎり、転覆しても人間が船内で我慢していれば何とかなる。命をつなげそうな最後の手段がないモーターボートでは、ライフラフトがないというのは想像以上に恐ろしかった。

いい天気が続いていた。入道雲があちこちにある空の景色は、見ていても飽きなかった。天気予報では風は常に東寄りとなっていたが、実際現地ではコロコロとよく変わる。

8月5日14時、ポンペイまでの残す距離は300海里（約540キロ）となった。夜間航行をあと2回すれば目的地に着く。いつものことだがこれからが長い。時間はたっぷりあるが、できることは限られていた。

最近口に入れた食材は冷凍パンを解凍して作ったサンドイッチ、コーンフレーク、ラーメン、冷凍ピザ、ベーコン、卵、ジュース、ビール、トマト、ビスケット。この食生活がしばらく続く。今頃になって、また日焼けした膝や腕がヒリヒリと痛くなってきた。

アメリカ・アナコルテスを5月17日に出発してから1000時間走った。距離も6000海里（1万キロ）以上を走り、普通のプレジャーボートの10年分を一気に走ったことになる。時間も体験も凝縮された4カ月間。

結婚してから、これだけの長期間、妻と離れて生活したことはなかった。この時間が、今まで以上に絆を深めることになるといいな。

日本（小笠原）到着前の最後の寄港地となるポンペイが近づいてきた。当初はチューク、グアムからサイパンに寄り、硫黄島を回って小笠原父島へと計画していたが、想定外のことが次々起こり、予定の日程が大幅に遅れ、とうとう一番危険な台風シーズンにマリアナ諸島を通ることになり、安全を考え最短距離で小笠原を目指すことに計画変更した。

といっても、航程３０００キロ、日数も10日間かかる海域では油断はできない。安全航海には正確な天気情報が一番大切になるので、僕たちのポンペイ出航日は天気最優先で決めることにしていた。８月10日以降で航海しやすそうな日を選ぶ予定だ。

８月７日、水曜日、晴れ、次の朝にはポンペイに到着できるはずだ。いつも朝のワッチ交代の時が楽しみだった。３００キロ先にある島を想像しながら一日を待つ。着けば入国手続き、給油と忙しくなるが、連絡してある日本のＪＩＣＡ職員とうまく会えることに期待していた。ポンペイはマジュロより少し都会と聞いていたが、カスタム、イミグレーションなどスムーズに手続きできるといいな。できれば給油も一緒に済ませたかった。

赤道に近いこのあたりの海域ではこの季節、太陽がいつも、北上を続ける「海音」の前方（北側）を通っていく。空は快晴ながら積乱雲が至る所に発生してくる。「海音」の周囲に大きなキノコのような積乱雲ができる。その中をノロノロと「海音」が通り抜けて行くのだが、航行中にキノコの中に入ると、強い風と雨が待っていて船を綺麗に洗ってくれた。

ポンペイ時間7時、マジュロと時差は1時間。日本とは2時間差がある。だいぶ時差は縮まってきた。この日の朝食もまたコーンフレーク。

清水はタンクにたくさん積んでいたが、どこが悪いのか静水タンクから水が蛇口に送られてこない時があった。これでこの航海で2度目だ。原因はわからないが、ポンペイで何とかしなければ、まだ先が長い。

この日は健ちゃんの懺悔話を聞いた。以前、八丈島の青年が「大場さんの話は面白いけど、すべて失敗談で成功体験が何もないのが珍しい」とびっくりしていた話を思い出した。

今回もすべて失敗談で、カメラのデジタル化におそらく日本で最初に挑戦しながら、撮影器材やパソコン、ソフトなどに数百万円をかけたものの採算が取れなくなってあえなく断念した話が印象深かった。やり方に問題あったのかも。健ちゃんらしいエピソードだというべきか。

衛星電話で「海音」の現在位置を家族に報告するために電話を入れたところ、出たのは孫だった。家族の声を久しぶりに聞いた。嬉しかった。少し大人の声になっていた。明日はポンペイからメールを送ろう。

航海中は事実上、気象情報以外の連絡はしないと家族に伝えていた。この不便さが教えてくれることがある。当たり前が当たり前でない海の上の不便を受け入れることで、普段気づかなかったことが見えてくる。孫の声を聞いただけで幸せな気分になった。幸せってこんなことなんだろうな。

シャワーが前日から使えず、汗で体がベトベト。気持ち悪いけどあと一日我慢しなければ……。

猛暑と積乱雲

静かな海域なのに、よく眠れない。3時間交代のワッチがしんどい。あれだけ荒れたハワイまでの航海でもけっこうよく眠れていたのに。ここの海は風もなく蒸し暑く、夜も寝苦しかった。とりあえずあと一晩でポンペイに到着する。

翌日（8月8日、木曜日）にポンペイに入港するが、到着後すぐに出航の準備をしないといけなかった。週末は役所が休みとなるため、出国手続きを金曜日中に終わらせる必要があった。とにかく時間が惜しかった。入国手続きに手間取ると、出国は翌週になるだろう。燃料も300ガロン（約1000リットル）は必要だから給油の準備もいるはず。無駄な時間はない。

この日も暑い暑い熱い。ひと雨欲しいところだったが、残念ながら一度もスコールはなかった。

夕食はサンドイッチ、デザートは缶詰フルーツ。質素だけど腹は膨れた。時計の針を日本時間に合わせた。気が早いかな？　ポンペイでは日本よりまだ2時間早いのだが、そこを出ると次は日本時間の地である。気持ちと時間だけは、すでに日本だった。

360度、入道雲に取り囲まれて走っていた。大きなお盆の真ん中にいるようだ。いつまでたっても、どれだけ走っても、景色はまったく変わらず、積乱雲の形と大きさが変わるだけ。

時々、気まぐれなキノコのような黒い雲が真ん中に出てきて雨と風を置いて行く。

時間は18時。翌日の入港に備えて準備を進めた。夜が明けるとポンペイだ

8月8日、木曜日、朝4時、レーダーにポンペイの島影が映った。あと30海里（約54キロ）だ。このままの速度で走ると約5時間で入港できる。あたりはまだ真っ暗で星一つ見えない闇だった。

もし前に障害物があるのにレーダーに写ってなかったら、クジラが泳いでいたら、浮遊物はないかな、などと不安なことを考える。真っ暗で何も見えない前方を見つめているとつい想像してしまう。

雨雲に取り囲まれる形で走っていたが、この日は雲の動きと船のスピードが同じだったのか、不思議と一度もスコールに合わずポンペイに到着してしまった。窓を閉めたり開けたりとけっこうバタバタしたが、結局シャワーは浴びずに済んだドライな一日だった。

これだけ船に乗っていても、新しい港に入る前は緊張する。操船には自信があるのだが、胸がドキドキして胃がムカつく。何時も冷静によそおっているが、本当のところは怖くて手が震えるぐらい緊張している。

風の向きが面白かった。本来だと東寄りの風が多いはずなのだが、この時は真正面の西から吹いていた。それが南寄りになったり北に振れたり、めまぐるしく変わる。積乱雲の影響かもしれない。ハワイから南下する時は北東の風で安定していたのだが、西向きの進路になってから風向がよく変わる。気象情報でも一度も西風なんていう予測はなく、ほとんど東寄りの風という予測だった。

5時20分時点で、船の周辺に雨雲がまったくなくなった。外は真っ暗で目視はできなかったが、レーダースクリーンから船の周りを取り囲んでいた雲がきれいに消えていた。どこに行ったんだろう。

僕はふと、マジュロでの毎日を思い出していた。マジュロでお世話になったアメリカ人たちは、短い人で9カ月、キャリーさんのように長い人は14年、ヨットで生活していた。みんな、僕たちのようなマジュロを船で訪れる人の世話をしていた。

僕が入港した時も、9カ月前に来たというヨットのオーナーが、親切に舫いを取りに来てくれ、ブイにロープをかけてくれた。そしてすぐに仲間のキャリーさんに連絡してくれて、彼の奥さんがカスタムに電話してくれていた。

さらに入国手続きのためＪＩＣＡの日本人職員にわざわざ電話を入れてカスタムとの通訳を頼んでくれるなど、多くの人にずいぶんお世話になった。10時に船着場に来るよう連絡をもらい、僕たちがテンダーで行くとすでに皆さん待っていてくれて、マジュロにはスムーズに入国できたのだった。

ヨット暮らしの奥さんたちは、たいていは現地の会社に勤めていたが、旦那は仕事があれば観光ガイドなどをするぐらいで、ほとんどの時間、船着場か、作業場か、自分のヨットにいた。14年も同じ泊地によくいられるなと感心したが、とても僕にはできそうもなかった。

健ちゃんはマジュロの泊地でへこたれてしまった。普段は快活でワイルド沈着冷静な頼れる男なのだが、マジュロでは海上係留の小さな「海音」の中で一日中生活しなければならず、娯楽もない船の中での時間を持て余していた。彼は一日中デッキでぼんやり、目は虚ろになり、ウトウトするばかりとなっていた。一日中口をきかない日もあった。

ポンペイには山がある。それは遠くからレーダーで確認できた。左側前方にポンペイの山が目視できた。あと3時間ぐらいで到着だ。

入国手続きでトラブル

8月8日10時45分、ポンペイに到着。イミグレーションが17時に来てくれるという。耐えがたい暑さ

ポンペイ入港後、船着場に接岸した「海音」

の中、じっと待たねばならなかった。港に入ってから相当時間がたっても、「海音」は接岸させてもらえず、岸壁の手前で待機した。僕たちはイライラしながら待つしかなかった。役人らしき人が3回も入れ代わり立ち代わり岸壁に来ては状況を確認していた。何か行き違いがあったのか？

「海音」はやっと夕方になって岸壁に接岸を許され、夜を過ごせることになった。シャワーも使えるようになり、ポンペイで初めての夜は、僕たちはサッパリして夕食を楽しんだのだった。

「海音」の横を通り過ぎる小さな船がわざわざ寄ってきて「ナイスボート！」と声をかけてくれた。自分の船を褒められることは、想像していたよりずっと嬉しかった。

港内には韓国や台湾のマグロ漁船が多く係留されていた。「海音」の前の船は東京から来た気象庁の調査船で、翌日に東京へ帰るようだった。

僕たちの船が入国のため岸壁に着けることを拒まれた

原因がわかった。ＪＩＣＡの職員が親切心で僕たちをサポートしようと張り切りすぎて、入国手続きを詳しく知らないまま「日本の船が来るからよろしく頼む」くらいの感じで役所に持ち掛けたらしい。役所の担当者は涼しい顔で「はい、了解。この手続き書類を提出してください」とＪＩＣＡ職員に回答したのだが、本来、商船や漁船などの入国手続きは複雑で、専門業者がやるもの。だから素人ではとても対応しきれない。困ったＪＩＣＡ職員は右往左往するばかりで、手続きが前に進まず、事務所でも相当混乱していたようだった。

岸壁周辺で作業していた人たちが「船を早く着けて、手続きしろ」とＶＨＦ無線で連絡してくれたが、「僕たちはまだ船をつけてはいけないと言われている」と返事するしかなかった。しばらくして小型のボートが近づいて来て「早くこっちに来い」と手招きしてくれ、無事岸壁に着けることができたのだった。

岸壁でしばらく待っていると数人の役人が来て、入国手続きをサクッとしてくれ、帰り際に「私たちは遊びや給油に来たプレジャーボートに正式な入国書類など要求しません。簡易な手続きで気持ちよく帰ってもらいますので、これからは気楽に直接連絡してください」と言われ納得。「真正面から、日本から来た船の入国を頼むと言われると正式な手続きをしてもらうことになってしまうので、気を悪くしないでください。出国するときは前日に連絡をもらえばすぐ手配します」と付け加えて、彼らは帰っていった。最後にはポンペイ職員の親切な対応にとても気分の良い思い出をもらった。

入港後、給油のための交渉も必要だった。ＪＩＣＡ職員の仲さんに通訳をお願いして、健ちゃんが交渉に行った。僕たちが入港した港は、漁船など大きな船の給油は可能なのだが、「海音」のような小型船は給油口が小さ過ぎて給油できないようだった。給油単位も500ガロン単位でしかできないということだった。「海音」はマジュロで満タンにしていたので、使った分を差し引いて、入っても300ガロンだった。何かほかの方法を考えることにした。

JICAの皆さんがボランティアで手助けしてくれたが、船については素人であったため、行き違いが多かった。僕たちの力になりたいと肩に力が入っていた分、役人の方が戸惑ったようである。正式に手続きを要求されると、事前に手続きしてビザを取得していない「海音」は不法入国になってしまう。法律違反にしようと思えば役人の気分しだいでどうにでもなるお国柄だ。普通は簡易的に入国させてくれるところを、役人にへそを曲げられると問題が大きくなってしまう。担当役人には頭下げてひたすらお願いするのがいいみたいだった。

給油で苦労

8月9日、金曜日、健ちゃんが朝から給油の交渉に行った。結局、大型ドラム缶をトラックで港まで運んで、ドラム缶から給油することに決まった。300ガロンで1665USドル、現金払いで契約。岸壁まで配達してくれるよう依頼したが、到着時刻はあいまいだった。昼から運ぶことだけは確認できたので僕たちは船の前で待つことにした。

15時、いよいよ給油が始まった。ドラム缶から手動のロータリーポンプでシコシコ回して給油。ドラム缶3本分を入れたら、トラックは足りない分を取りに戻る。雑な給油作業は見ているだけで冷汗が出る。あと3本、日没前に終わるかどうか不安になった。

どこに寄港しても地元の人たちは親切だった。ただ、「できると思う」と気持ちよく請け負ってくれるのだが、結局、「絶対」ではないので、すべてやってみないとわからなかった。

18時、やっと給油が終わった。「海音」をアンカリング場所まで移動した。ポンペイの港も原則、岸壁には係留できない。小型船は指定されたアンカリング場所で錨泊しないといけなかった。

後は、週末のポンペイをゆっくり観光し、月曜日に出国するつもりだ。

ポンペイに寄港していた韓国の漁船はヘリコプターを積んでいた。目の前に大型の漁船が5隻横並びで止まっていたがすべての船に小型ヘリコプターが積み込まれ、その前方にさらに大きな輸送船が獲った魚を運ぶために接岸してきた。空から拡声器を通して韓国語で船に係留指示を出していた。台湾の漁船団も迫力あった。ヘリコプターこそ積んでいなかったが、同じ型のマグロ漁船が10隻以上で動き回っていて相当な迫力だった。

8月10日、土曜日。ＪＩＣＡ職員の仲さんが車で市内を案内してくれた。山の上からポンペイの景色の美しさに見とれた。港周辺もよく見えたが、よくこんな危険な航路を入って来られたものだと、自分で自分に感心。

夕方潮が満ちてきたので、マングローブの林を探検した。その後、現地の子供たちのフラダンスを見に行った。

ポンペイ滞在中の交流、そして出国

近くに船を止めていたオーストラリアのエイブさん一家は、人なつっこいというか、さまざまな人やものに関わりながらポンペイの生活を楽しんでいた。僕たちをサポートしてくれたのはもちろん、気軽にビールを差し入れてくれたり、ビデオショップでDVDをダビングする方法を紹介してくれたりと、役に立つ情報をたくさんもらった。母国を出て8カ月たつという。

エイブさんは52フィートの自作トローラーボートで家族4人、子供はまだ未成年のためボートの中で教育しながら南太平洋をクルージング中だった。ポンペイが気に入っていて、しばらくここで暮らすようで、陸上移動のため車まで購入していた。

お近づきの印としてマグロの切り身とビール一箱をいただいた。こうして海の男たちには親切にしてもらうことが多いのだが、僕が皆さんにしてあげられることが何もない。一方通行の思いやりに感謝するだけだった。安全に元気に日本へ帰ることが、彼らへの恩返しと思うことにした。

僕が月曜日に出航すると言うと、「だめだよ、ゆっくりすべきだ。パラオはいいよ。二度と行くチャンスはないだろうし、航海の時期が悪くなったらそのまま来年まで待って、南太平洋を満喫してから、安全な季節を待って帰ればよい。まだ帰るには早すぎるよ」とアドバイスをしてくれた。さらに「ソロモン諸島も回っていけ」と楽しそうな寄り道の提案をしてくれた。

確かに僕たちの航海には余裕がないことは、自分自身よくわかっていた。しかし僕たちの状況を考えると、とても来年まで南太平洋を走ることはできないと思った。僕たち二人は目先の台風のことしか考えられない、ノミの心臓を持つしょぼい老人であった。

彼らのトローラーは古いけど、ハイテク装備が所狭ましと取り付けてある船だった。生活用品一式すべて揃っていた。プロパンガスも3個、発電機も2台と完全装備だ。

健ちゃんは小笠原のお天気が気になっているようだ。お金も尽き、ぎりぎりの生活だからよけい気持ちが乗らないのかな。自由がきかない海上係留のせいもあって、気分が落ちているようだった。

ポンペイにはＪＩＣＡシニア協力隊の人たちがたくさん来ていた。もちろん若い人（青年協力隊）もいるが、皆2年契約で来ている。お手当としては生活費が支給されるから夫婦で来ている人が多い。特に現地での難しい仕事はないようだ。

ポンペイの地元民はとても人なつっこい。知らない人にも、こんにちは、おはよう、ハロー、など子供も大人も向こうから挨拶してくれて、非常に感じがよかった。子供が多かったが、みんな、誰が父親なのかはあまり気にしない。このあたりの島々には母親の血統を重んじる母系社会が根付いて、子供ができると家族や集落のみんなで受け入れる。父親はだれ？なんて野暮なことは言わないそうだ。

南の島では土曜、日曜は絶対仕事しない。当然、残業もなし。これを頭に入れておかないと何事もスケジュールは立てられない。

小笠原周辺の天候が気になっていたが、お天気は今のところ何とか持ちそうだった。予定では10日間の航海になる。到着は8月22日ぐらいになりそうだ。小笠原までは二つのルートが考えられた。第一案は小笠原直行、第二案は硫黄島を見ながら小笠原に入るルート。天気が良ければ南硫黄島から硫黄島をかすめ小笠原父島二見港に入りたいと思っていたが、このルートを走ると約１００海里ほど距離が長くなる。

木彫りの民芸品を買いに出た。前日見に行った時、買い損ねていたが、やはり気になって一人でこっそり店に向かった。１２０USドルを１００USドルにする値引き交渉が成立、おまけとして鮫の木彫りもゲットできた。

8月13日、月曜日、朝7時にテンダーを船に引き上げて収納。母港のある福井までテンダーを使うことはないと思ったが、ひょっとしたら小笠原でもう一度テンダーを下ろすことになるかもしれない。

8時30分、「海音」を錨泊場所からイミグレーションが出国手続きをしてくれる岸壁に移動した。朝一に来ると言っていたが、出勤は9時だから午前中に手続きができればよいほうだろう。10時でも来ていないのでは……。スムーズに行けば午後一番に出ることができるのだが。

それにしてもポンペイの港はとても入りにくい。いたるところに浅瀬があり、座礁の危険がいっぱいだ。山の上から見たとき浅瀬の海面の色がクッキリと違うことを確認していた。座礁した船が沢山放置されていた。

ちなみに岸壁使用料は１２５ドル、僕はここでほとんど手持ちのドルを使い果たすことになった。長距離航海では最後まで何が起こるかわからない。最後まで気を引き締めていこうと自分に言い聞かした。

10時45分、案の定、まだイミグレーションの役人は来ていなかった。朝6時に起きて準備したせっかちな老人二人は苦笑い。でも、バタバタしないのがポンペイの流儀。

11時45分、スタンプ押すだけのイミグレーションの手続きがやっと終わった。優しさと楽しい思い出をいっぱい積み込んでポンペイを後にした。いよいよ僕たちは小笠原諸島父島を目指し出航した。

第5章

ポンペイ～小笠原、日本の領海へ

航海序盤のストレス

サイパン西の海域が騒がしいと連絡が入っていた。５日後には僕たちはサイパンの東３００海里（５４０キロ）を走るがその時どうなっているのか？　熱帯低気圧よ、赤ちゃんのままでいてくれ。ポンペイを出て5時間がたった。まだ後ろにポンペイの特徴ある山が見えていた。10日後に見るのは前方に浮かぶ父島のシルエットになるはずだ。

船上はとにかく暑かった。突然降りだすスコールのためにドアを閉め切ると、キャビン内は非常に蒸し暑くなり、地獄の窯と化し、とても耐えられなかった。ハワイまでの航海では昼寝もできたが、この小笠原への航海は、とても船内で寝ていられる状態ではなかった。健ちゃんに、シャワーを浴びて清潔にするように何回も勧めたが、ワイルドを自慢する彼は、顔はおろか歯も磨かず洗濯もしなかった。髭も伸び放題で、見知らぬ原始人になってしまった。

ワイルド健ちゃん

長い太平洋横断航海も後半に入り、二人とも気が緩んできたようだ。一度長い航海を成功すると、次も大丈夫と思い込んでしまうのだ。毎航程、状況が違うのだから、気を抜いたらダメなのに。長い距離の走りは基本の行動が大事。きっと大丈夫だろうとか、気になることをあとで確認するというは、絶対にやってはいけないことだ。慎重すぎるぐらいでちょうどいい。

燃料はマジュロからポンペイまでの航海で300ガロンしか使っていなかった。その分、ポンペイでまた300ガロンを追加給油したから、ポンペイ出航時はほぼ満タンの900ガロンあるはずだった。しかし、メーターを見ていたら何か違和感を感じた。距離がサンフランシスコ〜ハワイの航程より500海里も短いので気持ちが緩んでしまったのか、僕の計算している数値と違う。充分燃料が持つということで、燃料の計算と確認がおろそかになりだしていた。

熱帯低気圧の状態しだいでは、コースを北側に大きくずらさないといけないことも考えれば、ここで気を抜くことはできない。1日60ガロン消費するとして、11日間走るので660ガロン、プラス10％で720ガロンは最低必要と考えないといけない。熱帯低気圧が発達した場合に迂回する場合の予備燃料としては、100ガロンは必要だから余裕はない。

今回の航海で初めて前方右舷側から波を受けるようになった。ドンという鈍い音が右船首から上がる。追い波と違い衝撃が大きい。鋭い勢いでしぶきが弾ける。本来、船は前からの波に強くできている。後ろから受ける波は衝撃は柔らかいが、船には危険なことが多い。ブローチングしやすくなるし、もしブローチングすれば船は横転する。前から波を受ける場合の方が安全なのだが、その状態だと衝撃とスプレーに耐えないといけない。アゲンストで走ると、燃費が著しく悪くなる「海音」には一番つらい走りとなる。

夜になると、星が目の前で上下していた。ピッチングで船首が上下するたび、フロントウインドウの中で星が踊った。まるでホタルが乱れ飛んでいるようにも見えた。

更なるストレス

8月13日は波高1・5メートルの横波を受けながら走っていた。スタビライザーがよく働いていた。それでも大きくローリングするので乗り心地は悪い。

健ちゃんの適当な燃料確認を僕は叱った。その結果、二人は久しぶりにお互い大声で怒鳴り合った。お互いこれがよかったのか、スカッとして、すぐに仲直りした。さすが、辛く長い時間を共有してきた相棒だ。素晴らしい。

相変わらず、燃料の残量を確認する方法で、僕たちの意見は対立していた。僕は、エンジンモニターで表示される数字をこまめに記録して、時間当たりの燃料消費量を書き出して二重確認の目安にする。さらに健ちゃんにタンクのゲージを確認してもらい、残量計算に大きな狂いがないかを確かめながら走るようにしていた。

しかし彼は、あくまでも消費した燃料を引き算するのが正しいと主張。理論的には正解のはずだが、それならデジタル表示のエンジンモニターの表示だけで充分計算できた。僕が知りたいのは、現在タンクにある現状の燃料の残量であった。それをゲージで確認して、実際にタンクに残っている（と思われる）燃料の量を知りたいのである。

お互い同じようなことを言っているようだが、実際は大きく異なる。実は燃料タンクからエンジンまでは複雑な配管で接続されており、カナダまで走った時に燃料コックのリターンバルブを左右間違えて切り替えてしまい燃料漏れを起こしたことを思い出せば、人間が操作している部分の１００％完璧な操作は無理であり、計算上はともかく、必ず実際目で見た燃料ゲージの数値と、消費されたと思う量を引き算して計算した数値とを、絶えず比較しながら誤差を小さくする努力をしないといけない、と僕は主張する。

絶えず現在の燃料タンクの燃料ゲージを目視で確認しながら、あとどれだけの距離を走れるかを計算する僕は、その数値を基準にエンジンの回転数をコントロールしていた。机上の引き算だけで出した答えだけでは信用できなかった。必ず実燃料をゲージ確認して、二つの数値を比べることで誤差を計算していた。

前日から気象コンサルタントの馬場さんとの連絡は9時と10時にしてもらっていた。こちらの「海音」から9時に状況報告した後、横浜から10時に「海音」が走る海域の気象情報をもらうことにしていた。熱帯低気圧の動きが早くなるため、早めの連絡時刻にした。

マジュロとポンペイでは水の補給ができなかったので、造水器を使って清水を作ることにした。蒸し暑くて寝られなかった。窓は開けられないからサウナ状態だ。そんな中、冷凍庫にペットボトルを入れて凍らせておくと、寝る時に氷まくらの代わりになることを発見した。安眠効果は抜群だった。もう少し早く思いつけばよかった。

蒸し蒸しベトベトに加え、キャビン内の臭いが強くなってきた。小さな箱の中である。不潔になりがちな小さなサロンではしかたないのだが、とても耐えられない状況になってきた。船を走らせることは大変だけど、自分たちの生活空間も考えないと身体が持たない。乗員はお互い逃げるところがないのだから。四畳半一間のキャビンの中にむさくるしい老人が二人……僕もけっこうナーバスになっていた。相棒との間に微妙に隙間ができ始めたのも感じた。ダメや！　もっとお互いに思いやりの気持ちを持たなくては。

お互いの良いところが見つけられない？

健ちゃんが、頻繁に不自然な行動をするようになっていた。あと少しの辛抱だ。何とか耐えてほしい。僕の気配りが足りないことが原因か。

8月13日の夕方、レーダー画面に雲が見えなくなった。健ちゃんは「異常なし」と報告した。でも、スコールが来ているのに変だ。すぐにレーダーの設定を確認すると、レーダー感度が0になっていた。これではレーダーは機能しない。健ちゃんに注意すると「ウソー」。驚くだけで済んでよかったけど、レーダー操作ミスで事故なんかしたら、運が悪かったでは済まない。レーダー感度を上げたら、やはり周囲は雨雲だらけだった。雲だからいいけど、もし船が来ていたら「ウソー」では済まなかった。

健ちゃんは相変わらずスコールがくるとスッポンポンになって外に出ていた。天然のシャワーでさっぱりしたいのか、ただ行為を楽しんでいるのか、これも僕たちのクルージングスタイルの景色になりつつあった。

会話する相手が一人だけなのだから、当然、話題は相手のことが中心になる。良いところも悪いところも狭い空間に一緒に長く居るので全部見えてしまうのだが、自分も含めてお互いに、良いところがなかなか見つけられない。ううう、僕も大人気ない言葉使いはしないよう気をつけなければ。

8月14日7時、かなり船足が上がってきた。「海音」は7・0〜7・3ノットで走っていた。海流が影響しているのか確実にスピードが上がっている。「海音」は同じ条件で走らせているのだが、海流や風が味方しているようだった。この海域に入ってからは毎日6〜7ノットのスピードで走っていた。本来、この船が一番安定して走れる速度である。

健ちゃんが復活、少ししゃきっとしてきた。もう一度写真展を開きたいとか夢を語ってくれるようになった。そして将来は、「自分もカナダクルージングに奥さんと一緒に行きたい。そして、今回実現できなかったアラスカも走りたい」と、楽しそうに語った。楽しいことを考えて前向きになるのはいいことだ。ちなみに今回の航海では、彼も僕も写真がほとんど撮れなかった。優先順位は、安全に船を走らすことが一番なので、どうしても写真撮影はおろそかになってしまった。たわいもない話をする時が、二人にとって一番幸せな時間になっていた。

この数カ月間、老人二人が狭い場所で一緒に暮らしてきて、面白い発見があった。二人とも自分は老人だとは思ってないことである。お互いに相手を「年取ったな」「少し老けたかも」と感じていたが、自分の変化にはまったく自覚がないところが、実に滑稽である。

健ちゃんが僕に対していろいろ気遣ってくれていることはよく感じ取れた。とくに僕の落水については、注意深く僕の動きを観察してくれているようだった。彼なりに船長にケガをさせない、もちろん落水させない、というのが自分の役目だと強く思いながら「海音」に乗っているに違いなかった。

不自由な生活が始まった

ジェネレーターが朝から造水器で真水を作るためにフル回転していた。汚したシーツを洗濯中。

前日に走った距離が165海里（297キロ）だった。過去一日で走破した距離としては、これまでの最長となった、平均船速6・8ノット（時速12キロ）で順調に走っていた。海流に助けられて、予定より速い速度での快適な走りが続いていた。僕たちは一日の平均走行距離の目標は120海里として走っていた。

僕が初めてボートで小笠原に行った時は、よくもこんな遠いところまで来られたものだと感動したものだが、今はやっとここまで帰ってきたと言う気持ちだ。あと10日走ると、小笠原諸島母島の東側を通り、すぐに目の前に父島が現れるはずだった。感動はひとしおだろうな。ただただ、ひたすら真直ぐに、脇目も振らずに走るだけだ。変化のない前方を見ていると船は止まっているようには見えるが、横に青い海に白い波が後ろに流れ去っている光景を見ることで、確実に前に進んでいることを実感できた。

8月13日9時30分、突然、発電機が止まってしまった。トラブル発生だ！　発電機の燃料ポンプが動いていない。

走りに関しては順調だった。エンジンの回転数を１３００回転に抑えながら走っていたのに、船速は８ノットまで上がることもあった。これまでの航海中の最速記録を更新していた。このまま行けば1日早く到着できるかもしれなかった。

13時30分になっても発電機は回復しなかった。小笠原に着いたら、もう一度トラブル解決に挑戦することにした。

飲み水は充分あるので安心だったが、トイレの洗浄水、シャワー、炊事用の水は節約が必要になった。発電機が動かないので、当然、造水器を使うことはできなかった。清水は大切に使わないといけなくなった。

「海音」の造水器。海水をろ過して真水を造る

この日は、前方には大きな積乱雲がギッシリ詰まっているのに、スコールは来てなかった。

暗くなってきた17時になって、マジュロで購入したパックご飯で夕食のカレーライス。食後のデザートは缶詰フルーツ、いつもよりちょっと贅沢な晩餐であった。この頃は、食事を作るのも嫌になりつつあった。「そんなことではあかん、頑張らんといけない」と自分を叱咤激励した。そうだ、ポンペイでもらったマグロの切り身を、明日は刺身で食べよう。

8月14日13時40分、メインエンジンのフイルターを交換した。発電機の故障は今のところ命に関わる大事ではないが、主機エンジンは止まったら、即おしまいだ。注意しなければいけない。

いつも出航して3日間ぐらいは体調が悪くなり食欲がなくなる。そろそろ体調が戻る頃ではあったがお腹がへらない。緊張のための船酔いもあるのか。食べないと体力が落ちてしまう。

8月15日6時、晴れ。太陽が船の右後ろから上がるようになった。これまでは日の出は真後ろからだったので日差しがキャビンに入りにくかったが、今のルートでは右側から船内にいっぱい入るようになり、「海音」は温室化していた。朝からとても暑い。風が入らないキャビンはサウナ状態となり、暑さが一層厳しく感じた。この航程では昼夜、暑さに泣かされた。航海中は少し寒いぐらいがちょうどいい。そのほうが身体が楽なのだ。カナダでは涼しい気温で安定していたので、体感は快適で、食欲もあった。

毎日毎日、変わらない景色にいい加減飽きていた。変わるのは波の大きさと雲の形だけ。僕は、毎日寝る前にパンツとTシャツを洗濯していたが、たまにタオルが追加されるだけの単調な日々。さすがシャワーは毎日できず、3日に一度ぐらい。トイレと洗面所の掃除は船長の僕の役目だったが、そこは毎日欠かさずきれいに掃除していた。ワイルド健ちゃんは航海中ほとんど洗濯しない。スコールで濡れた下着は絞って、乾かして着ていた。彼は小さな事柄は気にしない性格だからと割り切っていたが、匂いだけはどうしても気になった。閉鎖空間の中で甘酸っぱい匂いが充満するのは想像以上に息苦しい。

小笠原から本州へはどのコースをとればいいのか

船足は前夜から6ノットにまで落ちていた。減速したというより、正常な速度に戻ったというべきか。

できれば平均で6・5ノットを確保したかった。「海音」はグアム島の東沖500海里ぐらいを走っていた。日が変われば、サイパン島の東400海里ぐらいを通って北西に向けひたすら走っているはずだ。あと2日ほどして南硫黄島、硫黄島をポート（左舷）側に見ながら走れば小笠原諸島に着くはず。とはいっても、実際に硫黄島は目で見える距離になく、航海計器で確認するだけのことになる。このまま走ると、あと1週間ほどで小笠原父島に入港することになる。

父島に着いた後、どのルートで帰るかをまだ僕たちは考えていなかった。

「海音」はアメリカ船籍のため、日本国内では入港できる港が制限される。海上保安庁がどのような条件を付けるかわからなかったが、母港とする予定の福井まで最短ルートで帰ってもおおよそ1000海里あった。

黒潮の状況によって、明石海峡、瀬戸内海を通るか、豊後水道を抜け、日本海か、それとも北回り、津軽海峡を抜けて日本海に出るかの3通りのルートが考えられた。小笠原で健ちゃんとよく相談して決めなければ。海上保安庁のアドバイスも聞いてみようと思った。

太平洋横断ばかりに注意が向いていて、今になって福井へのアプローチを考えていなかった。日本近海は梅雨前線が北上し、相当荒れているようだった。慎重に天気を見極めなければいけない。

どんどん先のことが気になりだしたが、まだ早い。まずは、安全に小笠原父島二見港に入ることを考えなければ。母島に寄って移住してカジキ漁師をやっている知人に会いたかったが、外国船籍の船は母島に寄りにくい。手続きがややこしくなるのも嫌だし、今回は通過するだけにしよう。天候が許せば硫黄島を見て行きたかったが、これも少しコースを外れるため、燃料とお天気の具合を観なければならなかった。いずれにしても、この4～5日以内には決めたかった。

時速10キロでの航海は、まるで赤ん坊がハイハイしているような感じだ。

8月15日8時16分、初めて他船を見た。右前方に船影が見えた。何だか嬉しくなった。

8時30分、「海音」には燃料が690ガロン残っていた。1日60ガロン使っているから、あと11日間は走れる。

アメリカで購入したばかりのモータークルーザーで、そのままアメリカから出航した僕たちであったが、準備の段階から予算面でのハンデがあった。まず工具や双眼鏡などの備品が揃っていなかったので、購入しなければならなかった。タオル、石鹸、鍋、フライパンなどの生活用品一式も購入しなければならなかった。持っていた現金6000USドルの中から約2000ドルはこれらの費用に消えた。残りが生活費になったわけだが、大人2人4カ月分の食費としては少なすぎる金額だった。

健ちゃんはよく耐えていた。不潔なことを除けば、彼は120点の乗組員だった。途中、時々弱気になったが、これだけ長い航海中、老人二人だけで狭い箱に一緒にいるだけでも大変なのに、ハワイの荒れた海や真っ暗な海を20日間レーダーだけを頼りに走る過酷な夜間航行などを初めて体験したことを考えれば、それくらいはしかたがない。

大声で言い争う場面もたびたびあったが、それでも僕たちの目的をしっかり自覚しているナイスガイだった。そんな相棒だからこそ、こんな小さなボートで太平洋を走り切れるところまで来ていた。感謝しかない。

回航後の「海音」をどうしよう？

昨日自宅に安否確認の電話をしたら、妻に「船は横浜で売ってきてね」と言われてしまった。ああ、これはエアコン取付けどころやない。

いい天気が続いていた。このまま小笠原に到着してほしい。

航海が始まってから僕は愚痴が多くなったような気がしていた。暇でパソコンをいじるのがストレスのはけ口になっていて、パソコンに向かっている時間が長くなっていた。航海日誌など懺悔話をパソコンに入力していた。

8月16日6時、海はとても静かになっていた。波一つなく穏やかなうねりだけ。風は6ノット、積乱雲だけは相変わらず見えていた。船速は6ノット。ゆったりまったり走る北マリアナ諸島の海だった。左にサイパン、グアムがある（はず）。寄る予定の島だったが、今回は真っ直ぐ父島に向かっていた。あれほど台風を心配した海域だったのに風もなく波も立たず、べたなぎの海を、「海音」はコロコロコロコロと心地よい排気音を残しながらゆっくり前に進んでいた。

振り返ると本当に長い時間走っている。５月にアメリカ・アナコルテスを出発して、ここまでで１２００時間、７０００海里（約１３０００ｋｍ）を走った。平均的なプレジャーボートが20年以上かけて走る時間を走ったことになる。僕はこれまで平均的なボートオーナー以上にボートに乗っていたが、過去10年分の航行時間とほぼ同じだった。4カ月に及ぶ僕の太平洋横断航海は、10年いや20年分のボートライフを凝縮したものになった。この経験をどう活かすのが大切だ。

本当に日本に帰ってからもこの船が必要か、と問われると答えることができない自分がいた。大切に使いたいと思う反面、あと何年この船を動かす気力と体力が持てるかを考えると、複雑な気持ちだ。また、この船はいい船だけど日本人には少し不向きな船なので、売却も簡単ではなさそうだった。

猛暑

8月16日8時、燃料残630ガロン、スターボード（右舷）側の燃料タンクに切り替えた。平均船速は6ノットをキープしている。目標は6・5ノット。この0・5ノット（時速約1キロ）の差が、小笠原到着まで約1日の差になる。

暑い熱いアツイ、とにかく暑かった。波が静かな間は窓をできるだけ開けていたが、微かに風は入るものの、本来、波やスプレーなどが入りにくいような構造なので、思ったほど効果はなかった。入道雲はあちこちできるが、船の進路には入らず、かんかん照りに晒された状態が続いていた。とてもじっとしていられない、身体を置く所もなかった。健ちゃんはバケツに海水を汲んで頭からかぶっていた。これはいい対処法だった。僕もやってみたが、けっこう気持ちよかった。

ポンペイを出航してから穏やかな航海が続いていた。船は自動操船にセットしてあるため、自動的にセットしたコースを走っていた。基本、航行中は僕たちは船の操船をすることがないので、暇。何かやることを見つけては体を動かして、暇と暑さを紛らわせていた。

夕方になっても鏡のような海面は続いていた。特別大きな光で輝く金星が海に反射していた。その中を滑るように走る「海音」。サワサワサワと静かに波を切る音だけが聞こえる。昼間の暑さを忘れさせてくれる穏やかな時間……デッキに出ると満天の星が僕たちの航海の安全を見守ってくれていた。この海域が僕たちの味方になって応援してくれているかのように感じた。

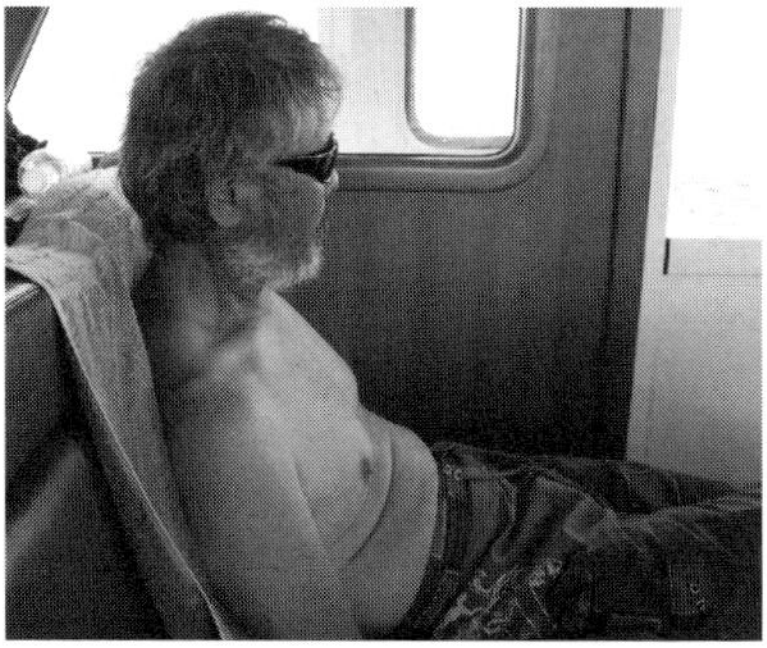
寒冷地仕様の「海音」は熱帯では船内はうだるように暑かった

明日の午前中で、ポンペイから小笠原の航程のちょうど半分まで到達だ。サイパンは「海音」の左300海里以上かなたにある。心配した台風も今のところ発生したという情報はなかった。このまま進めば予定通り8月22日には小笠原に到着できる。改めて気を引き締めた。

8月17日、土曜日、珍しく朝から雨が降っていた。ポンペイを出て5日目、ようやく半分まで走った。燃料も心配なく、気分的にとても楽になった。

4月に日本を飛び立って、ようやく目指す日本が目の前だった。長かったような短かったような4カ月だった。海を渡るという物理的な作業も難しいが、それよりも喧嘩しながらも老人二人が揃って航海を終えて帰国することも並大抵のことではない。過去にはほとんどのクルーが船長と喧嘩別れしている例が多く、僕たちのチームワークは光っていると思う。神経質でうるさい73歳の船長と、ワイルドで大らか、考えるより先に体が動く65歳の技術担当乗組員、二人ともよくやっていた。

清水の残量が50％を切ったので節水宣言。調理後の洗い物で一番水を使うので、海水で洗った後、清水でゆすぐだけにした。シャワーも海水、当分洗濯はできない。

8月17日8時、燃料の残量を確認すると580ガロンあった。計算をやり直すと出港時には880ガロンあったことになる。うまくすると小笠原でも300ガロン近く残っている可能性があり、それだけ残っていれば、小笠原で給油しなくても本土には届きそうだった。

相変わらず、どのルートで福井に向かうか迷っていた。和歌山の串本か、大阪湾の西宮、それとも豊後水道抜け関門海峡か、帰る日程に大きく影響する。黒潮の状況で決めるつもりだが、距離的には豊後水道が近い。大阪湾から瀬戸内海に入ると数日帰りが遅くなりそうだった。

南太平洋まで足を延ばさなかった理由

8月17日、この日の定時送信はお休みした。少し雲が大きくなって来ていた。天気が崩れる前兆か。

昨日から階段に付けてある敷物を剥がして掃除していた。ゴムのりで張り付けてあったのでそれを剥がす作業がなかなか手強い。丁寧に、傷付けないよう注意しながら時間をかけて行った。最後は溶剤で拭き取って終わり。せっかく丁寧な木工で作り上げた床だから、できるだけそのままで使ったほうがインテリア全体の雰囲気が統一されるし、美しい。

海は少し荒れ模様だったが、大きく天気が崩れることはなさそうだった。「海音」は順調に走っていた。昼前に自宅に電話したが、留守だった。

太平洋で出逢ったロングクルージングをしている人々は皆、「マーシャルからミクロネシアの無人島と、少し南のトラック諸島には必ず寄れ。素晴しい島々だぞ！」とアドバイスしてくれていたが、本当のところ、老人二人ではあまり気が乗らなかった。

そのほかに出逢った人の中には、船を僕たちのように船を香港から回航中のシアトル在住のドクターがいたが、ハワイに着いたところでクルー3人が解散してしまったため、ハワイからシアトルまでは奥さんと二人で航海するしかなく、奥さんを呼び、奥さんが来るのを待っていた。奥さんとクルージングを楽しみながらシアトルまで行きたいと言っていた。このドクターの船は僕の船より一回り大きなセールとエンジンで走る鋼鉄製のモーターセーラーだった。

もし時間とお金が許して、僕たちが南太平洋まで南下していたら、きっとどこかで健ちゃんと喧嘩別れしていたと思う。太平洋横断序盤のハワイまでの航海で太平洋の洗礼を受け、海の怖さを嫌という程味わった僕たちは、その後の航海で疲れ切っていた。くたびれた老人二人には南太平洋巡航は難しいと僕は判断した。

グアム、サイパンに寄らず直接日本を目指したのは、予定の日程が予想以上に遅れてしまい、台風シーズンのど真ん中になったためであった。船の速度が遅いこの船を安全に回航するためには、できるだけ短い期間で小笠原に着きたかった。体力的には一度グアムかサイパンに寄る方が楽だったが、台風をやりすごす装備も充分でない僕たちは、避難することになっても安全に船を守ることができないかもしれない。小笠原を直接目指すのもリスクを避けた結果の選択だった。

僕は硫黄島を見てから父島にアプローチしたいとも考えていたが、健ちゃんは真っ直ぐ小笠原に行きたいようだった。距離にして100海里、時間にして約一日の遠回りなのだが、この一日が重い。もう一日待って、船速が7ノットになれば23日に到着できる。

19時。暮れ行く異国の海の上で夕食のラーメンを食べ終わった。この日はビールを我慢。あと6缶しかなく、残りの日数4日となり到着前夜の乾杯ができるよう残しておくことにした。

連日の暑さが異常だったので、シーツ代わりのタオルも汗で真っ黒。洗濯もできないから不潔このうえない。小さなキャビンの中はとても居心地が悪くなっていた。

幸い海は毎日穏やか。エンジンルームはゴーオオとすごい音だが、外に出ると、心地いい排気音を休むことなく空に向かって演奏していた。

ハワイまで走る時は凄く緊張したこと、最初の5日間は海が荒れ続け仕方なく北緯30度まで南下したこと、毎日不安だったことを思い出していた。そういえば健ちゃんがパニクったのもこの時だった。

この夜もまったく波のない鏡のような海だった。月が遠慮ぎみに顔を出し、ぼうっとした明るさの中、波を切る音も遠慮気味にサラサラさらさらと聞こえた。真っ直ぐ、真っ直ぐに、脇目も振らずに黙々と前進し続けている。

水・食料不足でも猛暑の航海は続く

8月18日、日曜日、晴れ。この日も暑そうだった。朝から太陽がガンガン照り付けていた。風は微風、前日よりはましか。心配していた熱帯低気圧もなく、台風は沖縄付近に一つあるだけ。暑いぐらいで贅沢は言えない。

ロングキールだからか、この船の操船は難しかった。舵効きが遅く、回頭しだすと重量があるせいもあってすぐに元には戻せなかった。舵を戻すタイミングが難しいのだ。航行中は、波がないと素直に走るが、波があると真っ直ぐ走らず右に左に首を振りながら走る気難しい「海音」であった。止まるのもなかなか難しい。ギアをバックに入れても、重い船はなかなか止まらない。ユックリ丁寧に扱わないと、言うことをきかない気難しい船であった。

8月18日、8時現在で、燃料は1日60ガロン消費していた。残りの燃料は520ガロンのはず。猛暑は続いていて、ちょっと動いただけで汗が噴き出した。心頭滅却しても効果はなかった。ランチにはまた、冷凍パンでサンドイッチを作った。でもさすがに飽きてきた。暑くて喉は乾くが、食欲はなかった。我慢強い健ちゃんは一言の愚痴も言わずサンドイッチを食べてくれた。感謝。

前日からルーフトップのテンダーを載せている部分からカタカタと音がしていた。僕は気になってしょうがない。こういった小さなことも二人の間ではもめ事の原因になった。

僕は朝からテンダーの固定金具を丹念に点検して、とりあえず音は止めたが…海が凪いでいる時など、緊急な問題がない時こそ一番問題が起きやすいものである。

やらなければいけないことを、「もう少しは大丈夫だろう」などと先送りすることが多くなる。海が荒れてくると、実質何も対応ができなくなるのに。時化の中にデッキに出るのは命がけの作業になってしまう。

もう数日すれば小笠原だ。楽しいことを考え、何か仕事を探して体を動かすよう心がけよう。

8月19日、夕食の支度をする時間になってメニューに迷った。手間をかけてもラーメン、サンドイッチ、カレーくらいしかできない。とりあえずパックご飯をチンして、ポンペイでもらったマグロを解凍してお刺身を作ることにした。

でも、マグロの刺身も飽きてきた。口に入れても美味いのか不味いのかもわからなくなっていた。やっぱり家で食べるのが一番や。食事中も二人は、気の利いた会話もできずに沈黙の時間となる。70年も生きてきて、たった4カ月間の食事中の短い時間をつなぐ話題も思いつけないとは情けない。

語り合う時間はたっぷりあるけど話のネタが出てこない。しかたなく僕は日記を書くようになった。でも生活に変化がないので、目の前の問題を記録しているだけ。あとで読んだら、内容が意味不明で理解しにくい文章なのかもしれない。

8月19日6時、曇り。少し波が大きくなってきた。昨夜はとくに暑くて眠れなかった。温度計がないので何度あったのかわからないが、暑くて眠れなかったのは久しぶりだった。緯度が北緯6度のポンペイやマジュロでもこれほど暑いとは感じたことはなかったが、緯度が北緯20度以北のサイパンより北に位置するこの海域が今までで一番暑く感じるとは驚きだった。湿度も高いのだろう。

いよいよ清水も底をついた。発電機が故障で、造水器も動かない、洗濯機も動かせない……「海音」はオール電化の住宅と一緒で電気がないと何もできない。ミネラルウォーターは充分あるから日干しにはならないが、不便なことこのうえない。汗でベトベトの身体も気持悪いし、何となくキャビン内に甘酸っぱい臭いがしていた。あー嫌だ。

船の前後左右を入道雲に囲まれ、ときどき船もシャワーしてもらいながら走っていた。積乱雲の下に入ると、薄暗くなり急に風が風速10メートルから20メートルに上がり、バシバシと音を立てて雨が降ってくる。

ここにきて少し船足が上がり、7・3ノット出ていた。あと2日間走れば、3日目の朝には父島だ。

5年ぶり2度目の小笠原だ。以前自分のボートで来た時は、台風待ちで1週間八丈島に足止めされた。その年は異常気象で5月だというのに台風が五つもウロウロしていた。しかたなくレンタカーで八丈島の中を走り回った記憶が蘇る。

12海里先に積乱雲が4個見えた。この船が行くまであるのか、それとも消滅してしまうのか、目視では360度大きな雲の塊が見える。天気予報士から積乱雲注意の連絡が来ていたが、これほど多いとは予想外だった。表現できないくらいとても異様な景色で、まるで大きなキノコの中を走っているようだった。

8時の時点で残り燃料は460ガロン。1日60ガロン消費予定で、残り3日間で180ガロン必要となるから、これだけあれば十分。小笠原では280ガロン残っていることになるので、二見港での給油は500リットルを予定していた。蛇足だが、小笠原からは燃料の単位がガロンからリットルに変わる。

9時と10時の気象コンサルタントとの定時連絡が入った。とうとう台風が発生した。日付変更線付近に1個できていた。そこから北西に進み小笠原の東から北に進むようだった。今のところ小笠原に一番近づくのは8月24日頃との連絡が入った。僕たちの後ろを追いかけるコースになるようだった。このまま行くとぎりぎりセーフ。台風の動きが早くならないことを願った。

僕たちは22日に到着できる予定だが、「海音」はこれ以上速く走らないから、なんとか台風にはゆっくり進んでもらうしかなかった。この日は久し振りに青空が見えなかった。風も少しあり過ごしやすかった。そろそろ天気の神様もお休みの時間かもしれない。

「海音」は小さな船だが、危ないと思うことは一度もなかった。危ない場面を想像することは何度もあったが。一度出航すると10日以上も走ることもあるため、航行中のことを考えると胃が痛む。それなりに怖い思いをすることも多々あったが、比較的にお天気には恵まれていた。

小笠原に入港させてもらえない？

台風が気になっていた。小笠原まで競走することになりそうだった。予報では小笠原近海まで台風が近づくのが4日後と言われていた。でも台風は気まぐれだから、いつ速度を速めるかわからなかった。

小笠原海上保安署に「海音」が入港する旨を電話したら、「入港許可証が必要なため、ファクスで連絡するように」と折り返しで電話が入った。本来、小笠原は不開港のため、手続きは書類で事前に許可を得ないと入国できないということだった。僕も最後の詰めが甘い。

とりあえず衛星回線でメールを送る準備。

勝手に入港して怒られてもいいけど、やれるだけのことはやっておかないと、海上保安署の職員とストレスの溜まるやり取りをすることになる。「燃料を入れたらすぐ出港する」と言ったら、「何の燃料ですか」と訊かれた。車ではないことぐらいは確認しなくてもわかってほしかった。ここにきて、アメリカ船籍の船が相当問題になることを覚悟した。そこで「台風避難と燃料給油のため緊急避難ということにして入港したい」と浅智恵を捻り出した僕たちだった。

乗組員の老人二人がごたごた言っていても何も解決しない。問題は一つ一つ丹念に解決していくしか方法がない、ゆっくり構えてどっしり対応しよう。法律に従い正式な手続きをするのが当たり前の中、僕たちは少し間違っていることを自覚しなくてはならなかった。非はこちらにあった。思い違いをしているなら修正しなければ。

海上保安署からは「手続きには時間が掛かるので早く書類をくれ」と言ってきた。「なんと言われてもファクスのない僕たちにはできないものはできません。僕たちは海の上だからどうしようもない」と海上保安署に返答した。

8月20日、晴れ、6時、東京の健ちゃんの親戚から小笠原イミグレーションに、23日頃に入国予定と連絡を入れてもらった。基本、「海音」は外国船籍なので開港指定されている港にしか入国できない。小笠原二見港は開港されていないので、入国手続きは少し面倒になる。乗っているのは日本人だけど、船はアメリカの船なのだ。

ワッチ交代後、健ちゃんが小笠原海上保安署と交信し、衛星回線で東京から資料を送る手配をしていると、パソコンがフリーズしてしまい通信ができなくなった。その後、時間がたつとパソコンは回復したが、入港問題が解決したわけではなかった。入国書類などの手続きは、小笠原海上保安署と東京都が直接連絡しながら法律をクリアできるまでの事務手続きをお願いして、これを了承してもらった。

その他手続きができない場合は、「燃料補給のため緊急入港させてほしい。これもダメならそのまま本土に向け走ります。ガス欠になった時は連絡しますので、救助よろしくお願いします」と伝えて衛星電話を切った。

そういえば前回小笠原に行った時、海上保安署の事務所で一波乱あったことを思い出した。ずっと「法律違反だからこの港から出せない」と言っていた。機関士が乗っていないと思い込んでいたようだ。僕たちも言われたことに答えるだけだったのだが、免許所持の確認ができなかったようだ。「僕たちは機関士の免許も船長免許も無線技士の免許もすべて持っている」と反論すると、「早くそれを言ってほしかった」と最後は笑って無罪放免となったが、今回はまったく状況が違う。

8月20日、小笠原海上保安署は、連絡が取れる健ちゃんの親戚とやり取りしていた。何としても書類が欲しいようだ。健ちゃんは、事前に許可をもらわなくても現地で申請すればよい、と勘違いしていた。当初、横浜で入国することも考えていたので、その辺があいまいになっていた僕たちが悪い。僕の最終確認が甘く、健ちゃんに任せっきりにして招いた災難であった。気象コンサルタントの馬場さんからは、健ちゃんの家族が書類を提出できるよう保安庁とやり取りしていると連絡が入っていた。

不開港に外国船籍が入る場合、書類がもう一通必要らしい。外国の船は開港しているところ以外入れない。大きな港が数カ所指定されているが、その他は不開港で入港するにはそのたびに許可を取る必要があるのだ。父島の二見港は不開港になっているため日本の船以外は基本、入港できない。

入港に必要な書類を書き出してみた。

（1）不開港場寄港特許申請書

（2）船舶国籍証書

（3）船舶トン数証書

（4）クルー全員のパスポート

普通はこのような書類は、本来、商船や漁船などの入出国専門の業者が、船会社の依頼を受け作成するので法律に沿った書類を作ってくれるうえ、代理で提出までしてくれる。海上保安庁も書式通りできているので許可しやすい。5万トンタンカーや大型貨物船と同じ書類だから、小型プレジャーボートには適応しにくいのは当然である。たった全長12メートルの船のために、海上保安庁の職員がバタバタして何とか入港までに書類を整えようとしてくれていた。

普段何気なく使う「法律違反」という言葉、規則のための規則もあるが、法律がある以上はそれを味方にしないと損をする。ハワイでは早とちりして問題を起こし、ビザが必要と言い渡された。指摘された以上は無視できない。知らなかった、勘違いだったで通るものではない。だから役所とやり取りする時は、最低限、役人の許可が出しやすい状況作りも必要になる。

正午になって、けっこうウネリが出ていた。3メートルほどの大きさだ。珍しく目の前を大型タンカーが横切って行った。これだけ走ったが、横切り船は初めてだった。

ビールもない、ジュースもない、もちろんお酒も何にもない。上陸させてもらえば何とかなる。ここは日本だ。手持ちの円もキャッシュカードも使うことができる。失敗するたびにメモしていった失敗リストが、この日で55項目になった。多い。それだけ老人ボケが進んだということか。

夕食は、まだ冷蔵庫に残っていたマグロの刺身とパックご飯で終わり。船内に残っているのは、パックご飯2個、マグロ少々、サッポロ一番少々、ラーメン1個、カレー1個、冷凍パン少々、卵4個、チーズ5枚、ベーコン少々、肉1切れ、ビスケット1箱、チョコレート1個、ビール2個、以上。

入稿手続きにちょっと疲れてきたのか、僕のイライラ病が始まった。修行が足りない。ここまで頑張ったのだから、終わりよければすべてよしとしたい。もう少しの辛抱や。気分転換に簡易シャワーを浴びることにする。ペットボトルの水を頭からかぶり、そのタオルで拭くだけ。水を3本使いスッキリした。いつまでも腹を立てても何も解決しない。済んだことはしかたがない。上を向いて次を考え楽しもう。小笠原の海上保安署とは日本語が通じるじゃないか。楽しみと思うようにしよう。

8月21日、水曜日、快晴。暑い。6時、これから一日が始まる。朝飯作って、記録つけて、明日の小笠原に備えよう。健ちゃんはご機嫌斜めだった。長期航海の末の日本へのアプローチ、めったにない経験だから、青汁飲むか、寝ているか、瞑想しているだけではもったいないと思った。しっかり目を見開いていてね。健ちゃん、頑張れ。

お天気の心配は小笠原以後になりそうだ。黒潮の位置がわかりしだいコースを決める。それにしてもいい天気が続いていた。9時30分、小笠原海上保安署から電話があったので、僕のできることだけを連絡した。「入港は明日の朝9時頃、現在速力6ノット、針路320度、以上」。

実際のところ、海上保安署が一番困っていたと思う。不開港に、外国の船を入港させなくてはいけないは、必要な書類はないは、本庁は怖いはで、辻褄を合わせるための最低限の書類が欲しいのは理解できた。

11時、小笠原海上保安署から再び電話が入った。僕にできるのは海上保安署職員の質問に答えることだけ。「必要な質問をしてくれたらきちんと答えます」と言ったら、検討して連絡しますとのこと。この時、「僕たちは二見港に入港できないと、もう食べ物も水はなく、燃料もあとわずかしかないので本土まで走ることは不可能です。このままでは関係する省庁に大きな迷惑をかけることになりますので、よろしくお願いしたい」と伝えた。僕たちは質の悪いクレーマーか?

この後小笠原海上保安署から電話がきた。紀伊水道は何時頃走るのか、だって。いったいどんな書類を作っているのだろうか？　いぶかしく感じた。

16時、硫黄島が近くにあったが、じっくり見る気持ちになれず、そのまま通過。海は今までとは違った顔を見せ始めていた。大きなウネリがぐ〜っと持ち上がりながら遠くに消えてゆく。3メートルは軽く越えるウネリだが、波ではないため船はばたばたせずにウネリの上をユックリ上下しながら進んで行く。

小笠原海上保安署から何度目かの電話が入った。

「小笠原をいつ出ます?」

「9月3日にしておきます」

「そんなに長くいるんですか」

「海の状態がよい日に出港します」と答えると、

「出発予定日が延びると、また書類が要ると思うから滞在期間は長めにしておきます」

「了解しました」

ほんとうにお世話をかけます。

二見港到着前夜。無気力、緊張感がない。疲れだけが体にまとわり付いていた。ハワイやマジュロの時のような、体に突き刺さるような緊張感とか地獄の底に引きずり込まれる恐怖感はない。ホッとする安堵感と、家族の心労を思う気持ちが体全体を包んでいた。申し訳なかった。この回航の重さが今になってのしかかって来た、元気で帰ることで許してもらいたい。何が何でも元気に帰らんとあかん。自分でもけっこう無理したと思った。

夕食は冷凍コーンとグリンピースを載せたラーメン。2個残しておいたビールは、小笠原に持ち込むとまた面倒を引き起こしそうだったので、お腹に入れた。

まん丸な月が右後ろから見守ってくれる中、「海音」は快調に走る。遅いけど確実に前に進んでいる。波は無いがうねりが大きい、小さな船が上に行ったり下がったりゆりかご状態で走っている。赤ん坊になったつもりで寝た。

8月22日0時、母島を10時方向24海里先にレーダーでとらえた。とうとう日本まで帰ってきた。テンダー固定金具がまた、グーグーと嫌な音を出していた。船が揺れるたび金具がこすれるようだ。健ちゃんの携帯電話は、充電ができずご臨終のようだった。パソコン、カメラ、彼の持ち物はすべてが動かなくなっていた。予想外の塩害で電子機器が痛めつけられているようだ。塩対策を怠った結果である。幸い僕のパソコンは健在だったので何とかなっていたが、船乗りの間で言われているように、必ず予備を持たないと危険だ。オーストラリアからポンペイに来ていた船にはパソコン4台、プロパンボンベ3本も積んであった。

3時、母島横を通過、父島まで30海里となった。満月が船の真上から僕らの行き先を照らしてくれている。

小笠原諸島・父島二見港

8月22日9時、父島二見港に到着。海上保安庁、税関などの職員6人が岸壁で僕たちを待っていてくれた。入国手続きに必要な書類に次々サインをして上陸許可をもらった。もし延長が必要なら、前日までに電話をもらえば新しい許可証を届けますと言ってくれた。なんと親切な対応だろう。

結局健ちゃんの親戚と海上保安庁が直接連絡を取り合い、書類を書いて東京からファクスで小笠原海上保安署に送ってもらい、何とかことなきを得たようだ。悪態をついていた自分が恥ずかしくなった。ごめんなさい。

「海音」には燃料が２００ガロン（約８００リットル）残っていた。11時30分、軽油１０００リットルを給油した結果、８月22日の時点で、「海音」の燃料は６００ガロン（約３０００リットル）となった。

このあとのルートについて検討。北回り津軽海峡を抜けるコースで帰る計画を立ててみた。西行きは台風や低気圧に阻まれる可能性があり、北海道回りが良い選択だと思ったのだ。船籍の関係でできるだけ港に寄らず日本海に抜ける予定だ。

８月23日、晴れ。発電機の修理のため朝から電気屋さんに来てもらうよう手配したが、メカニックだというお爺さんが来てくれたが、結局、修理できなかった。たぶん燃料ポンプがだめになっているようだった。部品のないこの島で修理することはできないので、本土まで我慢するしかなかった。

第6章

小笠原～大阪湾

コンビ解散の危機

8月22日父島に上陸して1日目、ここで僕が一番恐れていたことが起った。健ちゃんが「船を下りたい」と言いだしたのだ。

健ちゃんのストレスはピークに達していた。無理もない。満足な食事もさせてもらえず、むさくるしい老船長と二人旅、4カ月も小さな船の中で一緒に暮らしているのだから、当然だ。

それでも二人一緒にここまで来られたのは、健ちゃんの忍耐があればこその結果だった。ある意味、太平洋横断をする長距離航海では、海上での恐ろしい体験や困難に耐えることより、パートナーと良い関係を保つことの方がはるかに難しいことだ。彼は身も心もズタズタになっていて、もう限界だったようだ。

「海音」は父島で台風の影響で港に閉じ込められていた。天候待ちの状態でしばらくは動けない僕たちは、この問題の解決にはいい時間をもらっていた。でも、健ちゃんが小笠原で船を下りても、簡単には本土に戻る方法がなかった。この荒天の中、本土からの船もいつ来るかわからなかった。良い解決方法を考えないといけなかった。

このころ本土周辺は西も東も梅雨前線が居座り、海は大荒れだった。父島二見港は台風の影響で当分海は時化が続き、とても出航できる状態ではなかった。しばらく小笠原で天気の様子を見てから、向かう先を決めたかったので、健ちゃんには、お天気が回復するまでしばらく乗組員であることを休んでもらうことにした。

健ちゃんは2日間ほど思案していたが、奥さんに電話して船を降りることを相談したそうだった。奥さんに説得されたかどうかは定かではないが、結局、気持ちを切り替えて「最後まで乗りたい」と言ってくれた。

父島の税関が、尼崎税関に紹介状を書いたと、わざわざ書類を持ってきてくれた。親切な対応で僕たちを応援してくれている。僕たちは、手続きの問題で二見港に入る許可がなかなか得られなかったが、最後はとても親切にしてもらい、無事、二見港に入港することができていた。岸壁には保安庁、税関など父島の関係職員総出で二見港の岸壁で待っていてくれ、すぐに入国手続きを済ませてくれた。

その翌日に海上保安署の職員から、次の寄港地の予定を聞かれていた。寄港先の海上保安部に連絡してスムーズな手続きができるよう手配してあげると言われたが、天候が回復せず、僕たちは神戸か、直接福井まで走るか、ずっと決めかねていた。本土の天候が不安定のため、父島ではやる気持ちを抑えて天気の回復を待っていた。

父島は海が荒れて本土からの定期船が欠航していたため、商店の商品棚もガラガラだった。ここに来て「海音」の発電機が故障し、冷蔵庫を初め100ボルトの電気製品が使えなくなっていた。

健ちゃんが、図書館で遺棄される本を無料で持ち帰ることができる、という話を聞いてきた。さっそく彼は図書館で本をゲットしてきた。これで少しは時間つぶしができる。

父島の修理屋さんが発電機を貸してくれたので、試験的にバッテリーを充電してみたが、容量不足でうまく使うことができなかった。電気は節約しないといけない。100ボルトを使う冷蔵庫は電源オフ。暑い父島で食料を冷やせないのはとても不便なので、マーケットで毎日氷を買って、冷蔵庫と冷凍庫に入れて、電気なしの昔の冷蔵庫にして、何とか急場をしのいだ。主機のエンジンを回せば100ボルトが使えるため、時々エンジンをかけて冷蔵庫は電気と氷を交互に使うことにしていた。

どこを気に入ってくれたのか、父島のエンジニアのお爺さんは僕たちにとても親切にしてくれた。収穫したフルーツを持って来てくれたりもした。「海音」を気に入ってくれたようだった。「多くの人が船でここに寄るが、身勝手な人が多くいて、地元の漁師に迷惑かけるし、遊ぶだけ遊んで、プイっと出て行く」と言ってぼやいていた。僕たちも気を付けないといけない、と自戒。

8月25日日曜日、晴れ。朝からマーケットに水を買いに行った。電気を使わないで冷蔵庫を冷やすためだ。午後からは電気を遮断して、バッテリーを休ませる予定だ。この船は電気を使う機器がたくさんあり、大型バッテリーを6個も積んでいたが、肝腎の発電機がないとバッテリーに電気の供給ができず、たちまちローソク生活をしなければならない。電気がないとトイレも使うことができないのだ。

出港日はまだ先になりそうだった。28日までは海は荒れ続けるらしい。

健ちゃんとの話し合いの結果、僕たちは芦屋マリーナに向かうことにした。到着後、できるだけ早く彼が東京に帰れる利便性を考えて、芦屋でゴールにすることに決めたのだった。

ボート関係の友人の一人、加茂くんから芦屋マリーナの桟橋が空いているのでしばらくならバースが使えると連絡をもらっていた。芦屋マリーナで「海音」を点検修理してから福井に帰ることにした。

昨日、和歌山から来ていたメカジキの漁師に大きなクエを1尾もらった。立派なクエをなんでと尋ねると「ワシらメカジキ漁師やから、クエは要らん」とプロの大見栄をきった。ところが軟弱な僕は「せっかくやけど、こんな大きな魚は料理できないから遠慮させてください」と断ると「邪魔くさいやつや」と言いながら。ポンポンとクエを三枚におろし、刺身、煮魚、味噌汁用にと身をさばいてくれた。クエは大事に包んで冷蔵庫へ。

みんな、なんだかんだ言いながら船にきて困ったことないか聞いていろいろ世話を焼いてくれた。ありがたいことであった。感謝しかない。おかげで冷蔵庫にはおかずは十分過ぎるくらい入った。走り出すと調理がしにくいので、今回は前持って料理して作り置きすることにした。これで何とか1週間は大丈夫だ。ここまで来て、少しは学習した船長だったが、何もかも気づくのが遅すぎる！

8月27日になった。小笠原周辺海域の天候はますます悪くなるようだ。風も上がってきていた。「海音」は翌28日に出航したいと思っていた。お天気が気にかかっていた。本土までは6日間の航海を予定していた。あと少し頑張るぞ。

翌日に出航するにあたり、カスタムと海上保安署に目的地を伝えに行く。一応、芦屋マリーナに入港するが、もし途中で天候が悪化したら北回りに変更して横浜から津軽海峡抜けて日本海に入るコースをとると報告し、了解が得られた。

9時になって風が強くなり始めた。台風の動きが予測できず、28日の出港は難しくなってきたので、15時にもう一度天候確認して決めることにした。この時期、台風は避けられない。航行中でなくよかった。

小笠原も28日一杯は大荒れになるという。

ここに来て僕はちょっとへばっていた。でも、「健ちゃんだけは必ず生きて帰ってもらう」という責任があるから、気合いを入れ直して頑張ることを誓った。

ここまで来て危険を冒すことはなかった。この先、どの程度の時化になるのか気になった。ほとんど向かい風になるため、今回の航程では一番厄介な状況が予測された。燃料も通常の航行時より必要になりそうだった。

28日に出港できないのなら、清水も入れておくことにした。用心にこしたことはない。清水は役場から給水車で配達してもらえるので、役場に連絡して水の配達をお願いした。

海上はすでにだいぶん荒れていた。29日には収まる予報だけど、今後の台風のコースに影響される。僕たちは気象コンサルタントの馬場さんに本土周辺のお天気情報をリクエストした。

8月28日、水曜日、馬場さんからの連絡で、「台風の進路が予測できないので、あとでもう一度連絡します」と言われた。油断はできない。1000キロ以上ある航程だと、普通に走っても6日はかかる。マジュロ～ポンペイとほぼ同じ距離になるため、台風に遭えば非常に危険な航海になってしまう。

結局、8月29日の出航ということで馬場さんの了解が取れた。

条件として、9月1日の午後まで北緯30度以北に入らないことを念押しされた。300海里(約600キロ)の距離を2日半かけて走ればちょうどよい地点まで走ることができる。梅雨前線が居座っているため雨は覚悟しなければならないが、海域はさほど荒れないという予測。少し西向きに進路を取り大阪湾を目指すコースをとることにした。急ぐ必要はないし、危険を冒すことはしない。芦屋到着予定は9月4日前後になりそうだった。

父島最後の夜は、贅沢できないけど居酒屋に行くことにした。小笠原に来るのは多分これが最後になるだろうな。荒天のため船も来ない小笠原は閑散としていて、商店街、特に飲食店は閉店しているところが多かったが、そんな中、僕たちは一軒の居酒屋を見つけた。老人二人は、お酒を飲みながらグタグタとりとめもない話を交わしたのだった。それなりに心の垢を洗い流した。

今回の太平洋横断回航では、アメリカ・ワシントン州で免税手続きのミスにより、高額の州税を払ったのが応えていた。予想外の貧困生活で、健ちゃんにも多大な苦労をかけてしまった。僕は飲みながら、船長の責任を十分果たせていなかったことをうまく口にできず、心で詫びていた。

台風をにらみながら小笠原を出港

8月29日、出港の日、爽やかな朝だった。本土付近の台風さえなければ、何の問題もない航海日和だったが、読めない台風コースが頭を悩ませていた。出港後、意図してゆっくり走って9月2日に北緯30度に着くようにすれば、その頃には海も落ち着いているだろう。もともと足が遅い船なので、ゆっくり走ることはまったく問題ない。

役場からトラックが給水に来てくれ、最後の燃料給油も終えた。さあ出発だ。

11時30分、出港。

思えば長い旅だった。65歳と73歳、よく耐えた。目的を忘れると苦痛だけが残る。この夜、僕は航海最後のつもりで彼に小言を言った。

「この船は漁船でも観光船でもないし漁をして収入を得る漁船でもない。僕たちは遊びの一環であっても、困難覚悟で今まで誰もやらなかった小型モータークルーザーでの太平洋横断という、ある意味、偉業をやり遂げるためこの船に乗っていることをもう一度思い起こして行動してほしい。この計画の初心を忘れると辛い、恐い、腹が立つ。思うようにならないことへの不満だけが残りストレスが溜まる。恐い航海、辛い生活、うまくいかない人間関係などを全力で乗り越え僕たちの計画をやり遂げるには強い精神力が必要だ。船に乗れてラッキーぐらいの感覚でいるなら逆にとても重たい時間になる。僕の人生最後にチャレンジとなる今回の旅は僕も君も、家族に大きな負担かけてやっている。健ちゃんもせめて、自分の家族を失望させるような行動は見せないでほしい」と。

僕は航海中に健ちゃんとデッキで話しながらビールを飲む夢を見ていた。そのためサンフランシスコで二人分のデッキチェアも買って船に積み込んだ。青い空の下、紺碧の海の上で二人座ってビールを飲みながらこれからの夢を語る。そんな航海を想像していたが、現実は山のような大きな波と台風を思わせる強烈な風、空は鉛色で重くのしかかる陰鬱な航海の出だしだった。ビールを飲みたいという気持ちも消え失せたのだった。ただひたすら、早くハワイに到着したいと祈るような毎日だった。このハワイまでの航海で、僕たちは完全に打ちのめされてしまった。

8月30日6時、ワッチを交代すると、空は晴れ、鏡のような海面には少し霧がかかっていた。北緯30度東経135度の目標地点までは346海里（約620キロ）、船速を6ノットにする。目標まで2日をかけて到着しなければならなかった。その頃までには台風は通過する予定だ。

今回の太平洋横断航海は比較的天気に恵まれた。怖い思いもしたが、これはこの船をあまり理解できていなかったためにどの程度の性能なのかわからず、荒天の中で不安が倍増したためだった。

僕は芦屋マリーナに到着後、「海音」の修理や調整など行いながら、船籍の問題、輸入手続きなどを詳しく調べ直して、今後どうするか決めるつもりだった。

健ちゃんのストレスは、船の暑さ対策が十分でなかったことが大きな原因となっていたが、それに加えて、持ってきた電子機器がすべてパンクするアクシデントのためでもあった。そのために彼によけいなストレスがかかっていた。パソコンもダウン、スマホも充電できなくなるなど、通信機器がすべて使えなくなった。

船内は相当潮っ気が強く、雨が降らない間は窓を開けたまま走るので、キャビンの中は潮風でベトベトになる。サロンの時計も窓を開けたままの走行が続いた後ポンペイ出航後から動かなくなった。

電子機器は放置せず、使ったら必ず拭いて片付け、時にはサランラップで包むぐらいの気遣いが必要なのだが、電源が入ったまま放置していた。その結果、すべてダメになってしてしまったようだ。記録もとれず、写真もとれない。インターネットも接続できない。ハワイからの航海は彼には特に応えただろう。

頑張ってもできないことはある。後ろには何もない、前を向いて進むだけ。心配かけた家族のためにも安全に元気な元の頑固親父で帰らないと申し訳ない。これからは妻と二人、子供たちや孫たちの流れの中でゆっくり生きていくのも楽しいのではないか。

8月30日7時、相変わらず本土周辺の海は荒れ模様だというのに、「海音」は嘘のような静かな海域を走っていた。室戸沖は梅雨前線が停滞して大荒れのようだった。

泊地では頼りになる「海音」のバウアンカー

ここからは黒潮の影響を大きく受けながらの航行となる。小笠原で出会った和歌山から来た漁師が「近年これだけ黒潮が蛇行しているのは初めてだ」と言っていた。僕は逆潮となる黒潮を避けながら、進路を少し西側に取り走っていた。北緯30度東経135度あたりに9月1日夕方到着がベストらしいが、台風の速度や進路によって状況が変わるかもしれなかった。

8月30日9時、台風は遅れ気味で、9月1日に九州の西に到達する予想……一度は影響を受けることになりそうだった。

心配したエンジンの不調も今のところ問題はなく快調に回っている。故障している発電機と、基本は同じシステムで動いていると思うと、メインエンジンも絶対故障がないとは言い切れず、ちょっとだけ心配だった。

「海音」は本土に近づくためには、どこかで黒潮を横切らなければいけない。黒潮は九州から東に向けて流れていた。コース取りによっては逆潮となり前に進めない。そのためできるだけ西に向けて走りながら大阪湾に入るコースを予定していたが運悪く台風が九州から能登半島に抜けるようで、このままでは影響を受ける可能性が増してきた。船のスピードを調整し、台風をやり過ごすことも考えないといけなかった。

優れもののオートパイロットも黒潮の流れに勝てないようだ。右に流されては左に戻るということを繰り返していた。それでも確実に前に進んでいた。

でも、ハワイを目指した最初の19日間の緊張を思えば、快適なもんや。

ビクトリアからサンフランシスコに向かう5日間の航海が地獄の始まりだった。アメリカ西海岸がけっこうタフな海域なのは聞いて知っていたが、聞きしに勝るアメリカ西海岸の海だった。ここでへこたれた人が多くいるから用心するように注意されていたが、なるほど言われたとおりの相当きつい海況が続き、サンフランシスコ到着までは絶えずアゲンストの風と波に悩まされることになった。船首からの猛烈なスプレーを休むことなくかぶり続けていた。その航海中、一度も太陽を見ることはなかった。

僕らはこの出だしの航海に懲りて、ハワイに向かう日程を慎重に検討した。サンフランシスコで待つこと1週間、6月3日に出発したがやはり天気が思わしくなく、しかたなくサンディエゴ沖まで南下しハワイを目指したのだった。

8月31日、土曜日、晴れ。6時にいつものように操舵席に座る。30分ほどの間に髭剃り、シートの雑巾掛け、床の掃除機がけ、などをしたら落ち着いた。発電機以外は正常に動いていた。清水は満タンなのでシャワーも使える。燃料２２００リットル、スタビライザーは海が穏やかなため出番なし、ジェネレーター故障のため洗濯機、造水器は使えず、といった状況。

昨夜で北米アナコルテスを出てから８０００海里を走破した。時間にして１４００時間、よく走ったものだ。でもこれだけ船を酷使すれば、故障も不具合も出てくるのは必然だから、「海音」は大事に使っていきたい。

小笠原で作っておいたおかずがあるので、食事は楽になった。けっこういける。とくにクエの刺身と煮物がおいしかった。ポンペイでもらったマグロもまだある。ここにきて、割と贅沢な食生活をしていた。

四国沖から紀伊水道へ

9月1日午前、足摺岬沖は台風と梅雨前線のため相当荒れる模様。「海音」はその足摺岬方向に向け走っているところ。北緯30度への到着は、9月1日の夕方になるよう調整しながら走っている。台風が大人しくなっていることを祈るだけだ。波は3メートルは覚悟している。雨も降るようなので注意しながら走る。足摺岬沖を経て、室戸岬沖から紀伊水道に入り、大阪湾に入る予定。

水には余裕があった。また身体が匂う健ちゃんにシャワーを勧めるが、もう少し我慢すると言う。それともワイルド健ちゃんのイメージを意識してのことだろうか。

「海音」はまた、真っ直ぐには走るのに苦労していた。頻繁に大きく進路を外れては、オートパイロットが必死になって元のコースに戻るべく奮闘していた。まるで酔っ払いの千鳥足だ。複雑な潮の流れがオートパイロットに負担をかけていた。この船は水線長の割に幅（ビーム）が広いこともあって直進性が悪い。

自動操舵システムがないと誰か一人は24時間ラットと格闘することになるので、その人間には体力と気力が必要となる。現代の船は人間より賢く働く機械が付いているため、人がやる仕事は、ただ航海計器を時々見るだけとなる。

8月31日11時、船の揺れが大きくなった。潮の関係もあり海の状況がよく変わる。翌日には天気が悪くなるので、今のうちに船の中を整理しておく。

15時、横浜の馬場さんと定時連絡。台風の動きが気になる。「海音」はこのまま走ると、9月4日夕方ぐらいに大阪湾に入りそうだった。小笠原から芦屋まで740海里、これが最後の走りになる。日本海までとも思ったが、健ちゃんを芦屋で降ろさないといけないし、発電機も修理が絶対必要だし、とりあえず芦屋マリーナに入ることになった。

9月1日、晴れ、風が強い。大きなうねりの上に波がある。ハワイでは波高4メートルの中を走ったが、ほとんど後方からの波だったので、大きく揺れても前から波をかぶることはなかった。この日の風は東で、波も前からなので船首で波を砕くように走っていた。アメリカ西海岸ビクトリアを出てから初めてバウに波が上がり、スプレーを高く上げながら走っていたことを思い出した。

6時のワッチ交代、北緯30度の目標地点まであと14時間。この地点まで9月1日の午前中に入らないよう注意されていた。台風の影響と前線があるため、午前中は波高3メートル以上の波が残り、荒れているため、午後以降の到着になるよう調整している。

バウは持ち上がるが横揺れ（ローリング）がないので、僕たちにとって身体は楽だった。大きくバウが持ち上がり、スーっと波に谷間に吸い込まれながらの航行が続いた。GPSプロッター画面に日本の海岸線が表示されるようになった。後少しだ。9月4日に芦屋に到着できそうだ。

9時、台風は温帯低気圧になり「海音」への影響は少なくなった。黒潮の状態を確認しながら直接紀伊水道に向かう。風はまだ20ノット吹いていたが、爽やかに感じた。明日ぐらいから雨になるようだ。

17時、進路を紀伊水道に向けた。思ったより黒潮の影響がないため最短距離をとった。明後日の早朝に紀伊水道を抜け、お昼頃には芦屋マリーナに入港する予定だ。

淡々とした帰還

何だかあっけない終わりになりそうだった。健ちゃんも先が見えてきたせいもあって、気分良くなってきたようだ。彼は少しでも早く到着したいから、船速を上げたいと言うが、速度を上げると大阪湾を夜中走ることになる。大阪湾は船の出入りが多く、夜間に走るのは多少なりとも危険度が増す。僕はここまで来て危険を冒すことはないと判断して、速度を変えずそのまま走るよう彼に指示した。大阪湾はもう目の前だ。明るいうちに芦屋マリーナに入ればそれで充分だ。携帯電波が届いたら連絡を入れることにした。

小笠原の父島に向かっていた時は到着が待ち遠しく、一日を長く感じたものだったが、本州を目指して走っている今は、もうすぐゴールなんや、ぐらいにしか思えず、意外に感動がない。大層な家出をして、普通に今帰ったよ、では照れ臭い。

本土に近づくにつれて行き交う船の数が多くなっていた。ワッチが重要になる。オレンジ色の三日月が東の水平線から上がってくる。ちょっと不気味だ。前方の日御碕の方面は稲光が時々鋭い光で闇夜の空を明るく照らしていた。

9月2日、晴れ。6時のワッチ交代、西日本は明日にかけて大荒れの天気になるようだった。このまま進めば、明日の午後には到着できるのだけど、明日の紀伊水道はどのようになるのかな。

NHKのラジオが入るようになり、久しぶりの日本語のラジオ放送を懐かしく聞いた。健ちゃんの様子がちょっと心配だ。この日僕は徹夜の見張りを覚悟した。

最後の難所、友が島水道を翌日早朝に通過する予定だ。ここは潮の流れが早く、風が出るととても複雑な波が立ち、走りにくくなる大阪湾の難所の一つだ。ここをうまく抜ければめでたくゴールとなる。

あと180海里。計算どおりいけば明日の15時頃には芦屋マリーナだ。

12時、前方10キロに真っ黒な雲のカーテンが立ちはだかっていた。14時、とうとう雨が降ってきた。波の頭が叩かれ景色が一変した。猛烈な雨の中を走ることになった。視界が悪く慎重に進まないといけない。風も上がりはじめ風速10メートル、波高も2メートルと極めて走りにくい。窓を開けられないのでムシムシして堪らない。

明日上陸できるというのに高揚感がない。ただ明日到着するというだけ。僕は流されないぞ。終わりよければすべてよし。最後は綺麗にきれいにフイニッシュするぞ、と自分に言い聞かせていた。

芦屋に帰港した直後の「海音」

僕は、自己満足の世界を完結するために太平洋横断回航を行った。最後まで自分が納得する行動をしたい。自己満足なくて何が残る。僕は健ちゃんには「4カ月もかけて太平洋を走り回り、辛いことだけ持って帰るなんてもったいない。残りわずかな人生の貴重な4カ月をドブに捨てたらあかん。経験豊かな老人になるため頑張れ」とは言っていたが、それは自分に向けた言葉でもあった。あと少し踏ん張ればハッピーだよ。

0時のワッチ交代で、友が島水道に4時に着くよう調整してほしい旨を指示して、僕は休んだ。

9月3日6時、友が島水道を通過。少し遅れ気味だが、ほぼ予定どおりだ。

9月3日15時、友人の加茂くんの誘導で芦屋マリーナに無事入港した。僕らはついにゴールし、目的を達成した。出発前にはドキドキとワクワクであれほどときめいたにもかかわらず、また、血管が破裂するかと思うほど航海中には興奮したにもかかわらず、芦屋に入港した時は思っていたほどの高揚感はなかった。傍から見れば、デイクルージングに出て普通に帰港したボートオーナーのようだったかもしれない。それほど僕の心境は淡々としたものだった。

あれだけ大騒ぎして出国したのに、この冷めた気持ちはなんだろう。入港連絡がうまくいかなかったのか、何かのスケジュールが重なったのか、出迎えてくれる家族の姿は見えない。入港手配をしてくれたフラッグシップの加茂社長さんとミズノマリンの水野社長さんの二人が、花束を持って芦屋マリーナの桟橋に立っている姿を見て我に返った。帰ってきたんや!

毎日がハラハラドキドキの連続だったが、終わってみれば、即、日常が戻ってきた。健ちゃんと二人、それぞれ私物を宅急便で自宅に送る手配を済ませ、マリーナの近所の「サイゼリア」で二人だけの質素な打ち上げの食事をとり赤のグラスワインで「お疲れさま、乾杯」、それ以外に気の利いた会話もなく、生きて帰って来られた喜びはお互いの心の奥の引き出しにしまいこんだ。128日間をかけた僕の太平洋横断回航の旅は終わった。

翌日、僕たちはバタバタと芦屋を発ち、健ちゃんは新幹線で東京へ、僕は在来線で近江八幡の自宅へと戻った。

追記

「海音」のその後

２０１３年９月に兵庫県芦屋マリーナに到着した「海音」は、翌10月には船の不具合個所の修理を行った。故障していた発電機を修理、アメリカ仕様の電圧を日本で使えるよう調整し、いくつかの個所を使いやすく改造、整備した。

翌２０１４年、「海音」はホームポートの福井県小浜の「ウミンピアマリーナ」に回航したが、２０１７年、瀬戸内海の島巡りをするためにホームポートを芦屋に移し、精力的に瀬戸内海を巡航した。

瀬戸内海を走り終えた「海音」は、２０１８年10月、再び日本海、小浜の「ウミンピアマリーナ」にホームポートを戻したが、その後、コロナ禍で自由にマリーナに通うことができなくなり、一方で、僕は80歳になったら船を降りるという妻と約束していたこともあり、２０１９年６月、苦労して回航した愛着の深いボートではあったが、「海音」に乗りたいという方に譲ることにした。そして現在も大事に乗ってもらっている。

「海音」で瀬戸内海の島めぐりを楽しむ北村紀興さんと奥さんの幸子さん

太平洋横断の動機

日本は周囲を海に囲まれた国でありながら、船や海を普段身近で体験する機会が少ないように思う。ディンギーやセーリングクルーザー、高速走航する水上バイクや小型のモーターボート、釣りに特化したモーターボート、居住空間を備えたモータークルーザーなどなどいろいろな種類の船があるのだが、日常よく使う車などと比較すると、船や海をよく知る人は少ない。

車はガソリンスタンドが点在する道があれば、どこにでも行けるが、船の場合、一部の限られた海域こそ「航路」と呼ばれる道のようなものがあるが、基本、道はない。進路は自分で決めて走る。といって、水の上ならいつでもどこにでも行けるというものではなく、車以上に動きを制限する条件は多い。天候が悪いと思うように走れないし、海流や潮流も重要なファクターとなるし、エンジンで走る船なら燃料の量が一番大事な条件となる。

最近、ヨットで太平洋横断とか世界一周レースとかいうトピックがマスコミで採り上げられることも多くなり、「船があってその気になれば、どこにでも行けるんだ」と軽く思っている人も多いようだが、実際のところは、風を動力とするヨット以外の船では、簡単に海外に行くことは難しい現状がある。船の動力がエンジンである場合、日本では法律で厳しく制限していて、中小型のプレジャーボートで長距離を走るのは法律上ほぼ不可能といっていい。もちろん大洋航海を想定して設計、造られているプレジャーボートもない。

そんな環境の中でも、僕は、モータークルーザーに乗り、日本一周をはじめ、日本の近海を走りまわっていたが、プレジャーボートでの太平洋横断の可能性をみんなが否定するのを聞き、「不可能ではないことを証明したい」と思うようになり、それがいつしか自分の夢になった。夢を見ているだけでは何も実現しない。人生のタイムリミットが迫る中、僕は目標を見つけた。目標を決めたら自分に十分なエネルギーがあるうちに、生活のレバーを中立から前進に入れるだけだった。

自分のボートで旅をする。ちょっぴりの緊張と大きなワクワクを求める船長さんが増えることを願い、僕の体験が参考になればうれしい。

モーターボートで国際航海を夢見る人へ

ボートで外洋に出るために船に必要な資格

日本船籍のモーターボートで日本から遠く離れた海域を航海する場合、主機がセールであるヨットの場合は比較的法律の縛りは緩いが、機関が主機となるボートとなると話が違ってくる。船の長さ、トン数によって違うが、法的に国際航海の出来る「船」でないといけない。アメリカや南太平洋まで行くのであれば、船舶検査で与えられる「船の航行区域」が「遠洋」であることが必要となっている。

一般的なモータークルーザーの航行区域は「沿岸」までなので、事実上、外洋を渡る国際航海はできないといえる。

航海区域には平水、沿岸、近海、遠洋の4種類があるが、アメリカまで行くのであれば航海区域が遠洋になっていないと法律違反になる。よって、2022年時点でも、モーターボートでの太平洋横断はほぼ不可能と考えていい。どうしても「遠洋」をとりたいというのなら、船のある地域の運輸局に真摯に相談することをお勧めしたい。

人に必要な資格は？

日本船籍のモーターボートでアメリカまで航海するために必要な乗員の免許を国土交通省船舶職員課に問い合わせたところ、2022年時点では、船長には小型船舶操縦士免許、乗員には六級海技士（機関）以上を持つ機関長が船長とは別に1人必要とのことで、船長との兼任はできないとのこと。

無線、衛星電話、イーパブ（非常用位置指示無線標識装置）、レーダーなどにも搭載する機器によって、無線局開局手続きや操作のための資格が必要になる。関東総合通信局無線通信部航空海上課に問い合わせたところ、アメリカまで航海する場合、少なくとも第三級海上特殊無線技士、機種によっては第二級海上特殊無線技士の免許は必要とのことで、詳しくは搭載する機器の機種が決定した時点で相談してほしいとのことだった。

ということで、国際航海を夢見るアマチュアのボートオーナーの前には高い壁がそびえている。ちなみにセーリングクルーザーの場合、機関長までは要らないということで、機関長乗船の縛りはない。

ボートは排水量型の船型

滑走型船型のモーターボートはスピードが出やすい反面、波浪（荒天）には弱い船である。中・小型漁船のような半排水量型でも、低気圧や台風で荒れた海には走れない。プレジャーボートであっても、大型漁船やタンカーのような排水量型の船型のボートでないと、外洋の荒天航行には耐えられない。

したがって、排水量型のボートを準備しなければならない。

スキル（腕）について

スキル（シーマンシップ）としては、ほぼ毎週船を出し、それなりの航行を行い、それを数年間続ければ安全に長距離航海出来るレベルになるかもしれない。これだけ海の上にいる時間が長いと、否応なく、時化に遭うこともあり、そういった時の経験が大切だということである。時化の海を当たり前に乗りこなす技術があれば大洋航海も可能になるはずだ。

もうひとつ、具体的な技術を付け加えれば、それは「常に、自分の船の一番効率の良いエンジンの回転数と船速を把握する」ということ。燃料が船と乗員の命を握っていることを頭に刻み込んでおくべきだ。

琵琶湖から始まったボートライフ

北村紀興さんは、1966(昭和41)年、26歳頃からモータースポーツを始め、A級ライセンスを取得するほどのめり込んだが、大きな危険を伴うモータースポーツは、家族の強い反対もあってやめることに。

1987(昭和62)年、47歳の時に出逢ったのがモーターボートだった。当時、琵琶湖でモーターボートに乗る人の大半は他府県の人が多く、地元の人はほとんど見かけないということを聞き、急にモーターボートなるものに興味が湧いてきたという。すぐにヤマハSTR22の中古艇を購入し、琵琶湖で走るようになった。

その後、PC-26、PC-35と乗り継いでいったが、琵琶湖は走りを楽しむにはいいが、クルージングをするには狭すぎると感じるようになった。そこでボートを海に置き、いろいろな島に行ってみたいという思いが強くなる。

平成12年、彼が60歳のとき、船を西宮に置く予定で準備を進めていたが、係留予定先の新西ノ宮ヨットハーバーの桟橋が、5年前に起きた阪神・淡路大震災で被害から完全に復旧していなかったため、やむなく日本海に面した敦賀のファーストハーバーに船を置くことになった。

初めて外洋を走ったのは、還暦を迎えた平成12年、島根県隠岐諸島への1泊2日の航海であった。

その後、長崎県・ハウステンボス、沖縄本島、韓国・プサン、北海道、宮古島、与那国島、小笠原への往復航海、九州一周、日本列島一周などなどのロングクルージングも行い、日本では、押しも押されもせぬモーターボートでの長距離航海者となった北村さんだったが、最後はやはり行きつくところまで行った形だ。

「実は最初から太平洋にこだわっていたわけではありません。南太平洋でもオーストラリアでも思いつくままどこでもよかった。わけもわからず、“どこかに行きたい病”にかかっていたようです」と北村さんは語る。

彼は1975(昭和50)年35歳のとき小型船舶免許1級を取得していて、その後、2008(平成20)年には6級海技士(機関士)の免許も取得している。これで船長資格を持っている人間と一緒なら、船で小笠原でも行けるようになっていた。

太平洋横断の気持ちが高まったのは、「ヨットならともかく、小型ボートで太平洋を渡った人は誰もいない。モーターボートでは無理」と言われ、「できない理由を探すより、できる方法を考える」のがモットーである彼は、強い気持ちで太平洋横断を考えるようになり、この航海に繋げたのだった。

profile

北村紀興《きたむらのりおき》

昭和15年　11月13日、愛知県春日井市生まれ、滋賀県彦根市で育つ
昭和38年　23歳のとき、滋賀県大津市瀬田町で機械工具商「北興機工商会」を起業
昭和39年　2月1日、紀興24歳、妻・幸子21歳と滋賀県草津市で結婚
昭和40年　長男誕生
昭和40年　滋賀県近江八幡市に店舗を移し、北興機工株式会社を設立
昭和44年　長女誕生
平成12年　60歳で定年退社、長男に会社を譲る。太平洋横断の気持ちが高まったのは、「ヨットならともかく、小型ボートで太平洋を渡った人は誰もいない。モーターボートでは無理」と言われ、「できない理由を探すより、できる方法を考える」のがモットーである彼は、強い気持ちで太平洋横断を考えるようになり、この航海に繋げたのだった。

誰もやらなかった航海

2023年6月1日　第1刷発行

著　者　**北村紀興**
写　真　**大場健太郎、北村紀興、山崎武敏**

発行所　株式会社 舵社
〒105-0013
東京都港区浜松町1-2-17 ストークベル浜松町
TEL 03-3434-5181(代表) TEL 03-3434-4531(販売)

発行者　植村浩志
編　集　植村敬久
装　丁　木村 修
印　刷　株式会社シナノパブリッシングプレス

ISBN978-4-8072-5129-2